시작
하면
된다

시작
하면
된다

초판 1쇄 인쇄 2018년 5월 1일
초판 1쇄 발행 2018년 5월 10일

지은이 정현주
펴낸이 양동현
펴낸곳 아카데미북
　　　출판등록 제 13-493호
　　　주소 02832, 서울 성북구 동소문로13가길 27
　　　전화 02) 927-2345　팩스 02) 927-3199

ISBN 978-89-5681-172-7 / 13320

＊잘못 만들어진 책은 구입한 곳에서 바꾸어 드립니다.

www.iacademybook.com

이 도서의 국립중앙도서관 출판시도서목록(CIP)은
e-CIP홈페이지(http://www.nl.go.kr/ecip)와 국가자료공동목록시스템
(http://www.nl.go.kr/kolisnet)에서 이용하실 수 있습니다. CIP제어번호 : CIP2018013317

시작하면 된다

일하고 싶은 여성을 위한 취업 창업 가이드북

정현주 지음

아카데미북

지은이의 말
지금 당장 전문가에 도전하라!

지금 당신의 하루하루가 행복한가?

만일 행복하지 않다면 이유는 무엇일까?

당신이 주부로 안주한 순간 자신을 위한 도전을 멈춘 것이 이유가 아닐까? 당신이 하고 싶은 일로 전문가에 도전한다면 일상에서 행복을 느낄 수 있지 않을까?

도전의 결과는 당신이 세상으로 나와 전문가로 활동하는 것이다.

필자는 29년 차 고용노동부 사무관이다. 직장 일과 가사를 병행하면서도 좋아하는 일을 하면서 전문가가 되기 위한 도전을 계속해 왔다. 배우고 싶은 것은 배우고 하고 싶은 일이 있으면 실행하면서 살았다.

대학원 석사과정을 마치면서 책 쓰기를 시작했고 박사과정을 밟으면서도 계속 병행했다. 대학원에서 일과 관련되는 전공을 공부하면서 전문성을 쌓아 가고 있다. 직장에서 동료들과 독서 동아리 활동도 4년간 꾸준히

해 왔다. 얼마 전에는 직원들을 대상으로 독서 관련 미니 특강을 하기도 했다. 작지만 좋아하는 일을 꾸준히 해 온 덕분에 즐거움을 느끼고 있다.

당신도 할 수 있다.

좋아하는 일을 시작하기에 가장 좋은 때는 언제일까?

가장 완벽한 시기는 바로 지금이다. 당신도 전문가가 되고 싶다면 지금 이 도전을 시작할 때다. 이 책은 아이들을 키우고 집안일을 하면서 존재감을 잃어버린 당신에게 전문가가 될 수 있는 길을 안내할 것이다.

결혼 후 육아와 집안일과 직장 일을 함께 해내기 어려워 직장을 그만두고 전업주부가 된 당신. 당신도 자신의 직업을 가지고 당당하게 일을 해내며 자신만을 위한 삶을 살던 때가 있었을 것이다. 직장 다니며 월급 받고 성취감을 느끼며 살았던 때를 기억해 보라.

직장은 가져 보지도 못하고 주부 경력이 전부인 당신.

평생을 전업주부로 살고 싶은가? 아니면 당당하게 전문가로 성취감을 느끼며 살고 싶은가?

집에만 있기에는 너무 아까운 당신, 재능을 썩히지 마라. 집에 올인하고 당신에게 남은 것이 무엇인지 돌아보라. 자신을 위한 삶을 살아야 행복하다. 당신도 지금 당장 준비를 시작하면 전문가로서 자신의 삶을 살 수 있다.

'내 나이가 벌써 몇인데 늦지 않았나' 고민할 필요 없다. 늦은 시기란 없다. 인생 100세 시대다. 40세에 준비해도 10년이면 50세밖에 안 된다. 요즘은 60세도 청춘이라고 한다. 인생의 황금기는 60세다.

필자는 고용노동부에 근무하면서 가정과 직장의 병행을 통한 여성들의 행복한 삶에 대해 고민해 왔다. 여성이 주부 역할을 잘해 내는 것도 중요하다. 하지만 아이들이 어느 정도 크고 나면 세상으로 당당히 나갈 수 있게 돕고 싶었다.

이 책은 고용 분야 공무원의 실전 감각과 개인적인 경험을 토대로 썼다. 당신이 이 책을 읽으면 최소한 두 가지는 얻을 수 있다. 당신이 전문가로 도전해야 할 이유와 방법을 알게 될 것이다. 당신이 전문가로서 행복한 삶을 살 것인지 아닌지 선택과 실천은 당신의 몫이다.

인생 후반부에 당당히 경제활동을 하면서 황금기로 살기를 원하는가? 그렇다면 도전을 선택하라.

CONTENTS

PROLOGUE 지금 당장 전문가에 도전하라! · 4

PART 1 다시 집 밖으로 나가라

주부로만 살기에는 너무 아까운 당신의 인생 · 12
집에 올인하고 남은 것은? · 18
딸에게 권하고 싶은 인생 · 22
전문가를 준비하라 · 27
다시 세상으로 나가자 · 33

PART 2 당신도 전문가가 될 수 있다

주부의 경력, 취미생활을 활용하라 · 42
꿈을 위한 첫걸음 · 48
가슴 뛰는 일을 하라 · 55
준비하는 자에게 오는 행운 · 59
전문가로 도약하기 · 64

PART 3 누구나 준비하면 가능하다

40대에 시작해도 충분하다 · 72
100세 시대, 황금기는 60대 · 79
인생의 황금기를 준비하라 · 83
버려야 할 것들 · 86
준비해야 할 것들 · 92

PART 4 지금 당장 시작하라

천릿길도 한 걸음부터 • 100
준비하는 자와 준비하지 않는 자의 차이 • 105
뭘 해야 할지 모르는 당신을 위해 • 110
시간이 없는 당신을 위해 • 114
돈이 필요한 당신을 위해 • 120

PART 5 주부에서 전문가로

꽃집 아줌마, 대학 강단에 서다 • 126
60세면 어때? 나는 카페로 출근한다 • 135
다육이 키우다가 농원 사장으로 • 142
삼남매 키워 놓고 부동산중개사 • 145
50대에 천연비누 공방을 연 아줌마 • 150

부록 1. 전국 고용지원센터 연락처 • 158
부록 2. 경력단절여성을 위한 취업(창업) 지원제도 • 163

※ 본문에 나오는 인물은 가명으로 처리하였습니다.

PART 1

다시 집 밖으로 나가라

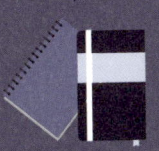

CHAPTER 1

주부로만 살기에는
너무나 아까운 당신의 인생

　　인생은 공평하다. 누구에게나 인생은 한 번 주어진다. 다만 수명의 길고 짧음이 있을 뿐이다. 한 번뿐인 소중한 인생을 살고 있지만 자신의 수명을 아는 사람은 없다. 내게 주어진 시간이 얼마나 되는지 알 길이 없다. 바로 내일이 될지, 60년 후가 될지 모른다. 당신이 죽음을 맞이할 시간을 알고 있는가? 우리는 언제 죽음을 맞이할지 모르는 운명이다. 이것이 삶을 후회 없이 살아야 할 이유다.

　　2016년 7월에 한국노동교육원에 직무교육을 가게 되었다. 강의 시간표를 보니 지식생태학자로 알려진 한양대학교 유영만 교수의 특강이 잡혀 있었다. 얼마 전에 유영만 교수의 책을 읽었던 터라 기대가 컸다.

　　유영만 교수의 강의는 시원했다. 유영만 교수는 다음과 같은 메시지를 던졌다.

"하고 싶은 것이 있으면 망설이지 말고 바로 저지르세요! 살날도 얼마 남지 않았잖아요."

우리는 여러 가지 핑계를 대면서 하고 싶은 것을 미루며 산다. 시간이 없어서, 돈이 부족해서, 남편 때문에, 아이 때문에. 그렇게 미루다 보면 못 하고 사는 것투성이가 된다. 참고, 참고, 참고 살다가 화병이 생기고 갱년기를 심하게 겪기도 한다. 당신의 삶을 돌아보면 후회 없이 살았다고 말할 수 있는가? 만약 내일이 인생의 마지막 날이라면 어떨까? 내게 주어진 날이 오늘뿐이라면 지금 내게 부여된 시간이 얼마나 소중할까?

Seize the Moment, Carpe diem.
(시즈 더 모멘트, 카르페 디엠 : 순간을 잡아라, 현재를 즐겨라.)

소중한 삶을 어떻게 살아야 할까? 한 번뿐인 인생에서 가장 중요한 것은 무엇일까? 이 세상은 내가 있어야 의미가 있다. 내가 없다면 이 세상이 내게 무슨 의미가 있을까? 내가 살아가는 이 순간을 의미 있게 살아야 할 이유다.

의미 있게 산다는 것은 무엇일까? 내 인생의 의미는 무엇일까? 진지하게 고민해 봐야 한다. 하루하루 주어진 삶에 충실하게 살아가는 것도 의미 있다. 그러나 한 번뿐인 내 인생을 좀 더 충만하게 살고 싶지 않은가? 나의 정체성을 확고히 하고 내가 이 세상에 좀 더 기여할 수 있다면 좋지 않을까? 나의 정체성은 무엇인가? 나는 누구인가? 나는 누구를 위해 살아가는가? 당신의 대답은 무엇인가?

나를 위해 살아간다고 자신 있게 말할 수 있는 사람이 몇이나 있을까? 지금 잠시 이 질문을 곰곰이 되새겨 보는 시간을 가져 보길 바란다.

우리는 일상을 살아가면서 '도대체 내가 지금 뭘 하고 있지?'라는 생각을 할 때가 있다. 그러나 그 생각을 붙잡지 못하고 흘려버린다. 내가 무엇을 위하여 이렇게 허둥지둥 바쁘게 살아가고 있는가? 곰곰이 생각해 볼 일이다.

1분 동안만 '나는 무엇을 위해 이렇게 바쁘게 살고 있나?' 생각해 보자. 답을 찾았는가?

당신은 무엇을 위해 그렇게 바쁘게 살고 있는가? 누구를 위해서 살고 있는가?

이 생각을 하는 동안 당신 가슴 한구석이 허전하다면 당신은 변화를 시작해야 한다. 자신을 위해 살고 있지 않다는 것이다. 이제부터 당신 자신을 위해 살아 보기로 작정하기 바란다.

주부로 사는 당신의 삶에 만족하는가

주부는 소중한 존재다. 엄마로서, 아내로서 역할을 충실히 하는 것은 가족 구성원에게뿐만 아니라 사회에도 기여하는 것이다. 가장 기본적인 사회 단위인 가정을 행복하게 하는 힘이 주부에게 달려 있다. 가족의 행복을 위해 모든 것을 내어놓고 희생하는 당신은 아름다운 존재다. 당신이 없으면 가족들이 불편할 것은 두말할 필요 없다.

그런데 한평생을 주부로만 살아간다고 상상해 보라. 만족스러운가? 미래에도 행복하게 살고 있을까? 지금 당신의 가슴속에 숨겨 놓은 꿈이, 접어놓은 꿈이 꿈틀거리고 있지 않은가? 꿈을 펼치고 싶지만 가족을 위해 포기하며 살고 있지는 않은가?

불과 얼마 전까지만 해도 여성이 결혼하면 다니던 직장을 그만두고 가사를 전담하는 것을 남자도 여자도 당연하게 생각했다. 나도 현모양처가 꿈이었다. 결혼하면 직장을 그만두고 살림만 하고 싶었다. 나의 로망은 우아한 주부였다.

직업을 가진 여성은 아이가 태어나면 더욱 가정으로 돌아가고 싶어 한다. 아이를 키우면서 직장에 다닌다는 것이 얼마나 힘든 일인지. 직장을 다니는 엄마는 아무래도 육아에 소홀할 수밖에 없다. 아이는 엄마가 키우는 것이 가장 바람직하다. 유아기의 경험은 인생을 결정할 정도로 중요하다고 한다.

아이에게도 직장 맘은 불편하다. 아이는 엄마의 사랑과 보살핌이 그립고, 엄마는 엄마대로 아이에게 미안하고 몸은 고달프다. 그렇게 직장과 육아를 병행하면서 회의에 빠진다. '내가 뭣 때문에 이러고 사나? 무슨 부귀영화를 누리겠다고 애를 고생시키고 나도 고생하나?' 싶다. 그래서 육아휴직도 해 보고, 직장을 그만두기도 한다.

그런데 집에서 애를 키워 보니 가슴이 답답하다. 전업주부가 되면 집안일도 육아도 완벽하게 할 것 같았는데 잘 안 된다. 시간이 많아 우아하게 여유도 즐길 줄 알았는데 집에 있는 주부가 더 바쁘다. 오히려 직장에 다니던 때가 그리워진다. 조금만 더 있었으면 승진도 했을 텐데 사표를 낸 것이 아깝기도 하다. 그래도 직장 다닐 때는 꾸미고 다니고 몸매 관리도 했는데, 직장을 그만두고 나니 자신에게 쓰는 돈이 아까워 꾸미는 것은 뒷전이 돼 버렸다. 몇 년 동안 집에서 살림만을 하다 보니 몸매는 망가지고 완전 아줌마가 다 됐다.

입사 동기들은 승진해서 팀장이 돼 있는데 나는 집에서 살림만 하고 있다. 지금 다시 직장에 복귀해도 동기들을 따라잡기는 힘들 것 같다. 나만 뒤처지는 것 같아 불안하다. 더구나 다시 회사에 입사하려고 해도 회사가 나를 받아 줄지 의문이다.

이런 생각을 하기 시작하면 한없이 불행해진다. 괜히 남편에게 짜증을 부리게 되고 아이에게도 말이 곱게 나가지 않는다. 내 마음 나도 모르겠다. '왜 이러지?' 하면서도 절제가 안 된다. 가족들이 무심히 하는 말과 행동이 살림만 한다고 나를 무시하는 것 같다. 아이가 학교에 들어가고 사춘기가 되면 더욱 힘들어진다. 아이는 아예 나를 그림자 취급한다. 내가 누구 때문에 이렇게 살았는데, 저 하나 보고 내 인생 포기하고 집에서 아줌마로 지냈는데 겨우 이런 대접을 받으려고 그랬나 싶다.

아이가 중학교, 고등학교에 진학하면 학원비, 과외비도 많이 들어간다. 요즘 사교육비가 얼마나 비싼가? 남편은 은근히 '어디 가서 돈 좀 안 벌어 오나?' 하고 눈치를 주는 것 같다. 나도 시간도 많아지고 돈도 필요해서 다시 직장을 구하고 싶다. 그런데 막상 직장을 구하려니 나를 받아 주는 곳이 없다. 마트에 캐셔 자리도 경쟁이 치열하다. 자존감이 바닥으로 내려간다. '내 인생을 돌려다오'라는 말이 저절로 나온다.

집에서 살림만 하다가 '내 인생은 어디 갔나?' 한탄한다고 지나간 당신의 인생이 돌아오지 않는다. 인생은 한 번뿐이다. 지금 당신이 벌써 이런 한탄을 하고 있을 수도 있다. 아니면 아직 이런 후회를 해 보지 않은 사람도 있을 것이다. 당신이 어떤 경우든지 당신을 위해 살아야 하는 이유가 여기에 있다. 소중한 당신의 인생을 가꿀 필요가 있다. 가족도 중요하다. 그러나 가족을 위해 사는 중에 틈틈이 당신을 위한 투자를 해야 한다. 그래야 일을 하고 싶을 때 할 수 있다. 당신이 준비해야 선택할 수 있다.

당신에게도 능력이 있고 꿈이 있다. 당신의 꿈을 접어 두지 마라. 당신의 능력을 잠재우지 마라. 재능을 접어 두고 집에서 살림만 하기에는 너무 아까운 당신의 인생이다. 내가 행복해야 가족이 행복하고 주변 사람이 행복하다. 당신의 꿈을 펼치기 위해 준비하라. 준비하면 세상으로 나가 당당하게 설 수 있다. 가족을 위해 헌신한 당신, 이제 집 밖으로 나가 당당하게 꿈을 펼쳐라.

CHAPTER 2

집에 올인하고 남은 것은?

"나는 대체 무엇인가… 위기 호소 주부 많다"

1987년 5월 11일 자 『동아일보』 헤드라인이다. 최근 신문기사 헤드라인으로 써도 손색이 없다. 1987년 당시 태화기독교복지관 정신건강상담실에서는 가정의 달을 맞아 주부를 위한 특별 상담을 실시했다. 1987년이 상담을 시작한 지 4년째 되는 해였는데 위기를 호소하는 주부들이 매년 20%가량 늘었다고 한다. 상담실을 찾는 주부들이 호소하는 문제는 겉으로는 남편, 자녀와의 갈등이지만 속을 들여다보면 자신의 정체성에 대한 문제가 많았다고 한다. 상담을 받은 사람의 대부분이 주부였는데 그들이 느끼는 감정은 '집에서 식구들 뒷바라지만 하다가 늙는 것이 아닌가' 하는 불안이었다.

이 기사에는 막내가 초등학교에 입학하면서 엄마의 손길을 벗어나고 남편은 남편대로 직장생활, 사회생활에 바빠 소외감을 느끼는 30대 주부,

갱년기 우울증과 함께 자신에 대한 상실감을 겪는 40대 주부에 대한 사례도 나온다. 40대 주부는 "가족들을 위해 희생했는데 남은 것은 아무것도 없다"며 허무함을 토로했다.

이 기사를 처음 봤을 때 어쩌면 이렇게 주부의 심리 상태를 절실하게 표현했을까 싶었다. 28년이나 지난 기사지만 현재의 주부가 느끼는 마음과 별반 다르지 않아 놀랍기도 하다. 자신을 돌보지 않고 가정에 헌신한 전업주부의 노년을 다시 생각하게 한다. 노년을 맞이했을 때 자신에게 남은 것은 무엇일까? 이상적인 것은 잘 키운 자녀와 화목한 가정, 경제적인 안정일 것이다. 여기에 주부 자신의 만족과 행복이 더해진다면 더할 나위가 없겠다. 그런데 이런 이상적인 행복을 가질 수 있는 사람이 몇 명이나 될까?

여성이 결혼 후 일과 가정을 병행하는 것은 어려운 것이 현실이다. 일하면서 아이를 키우고 살림하는 것이 여간 어려운 일이 아니다. 그래서 아이를 임신하거나 출산하면 직장을 그만두는 경우가 많다. 결혼한 여성이 경제활동을 하기가 만만치 않다. 우리나라의 여성경제활동참가율은 51.6%다. 경제활동이 가능한 15세 이상 여성 중 절반 정도만 일을 하고 있다는 말이다. 남성 73.2%보다 훨씬 낮다.[1] 우리나라에서 여성의 경제활동이 어렵다는 점은 통계로도 알 수 있다.

그런데 하던 일을 그만두고 가사에 전념하다 보면 소중한 가족에게 헌신하고 있지만 한편으로는 외롭고 허전하다. 주부로 살림만 살다가 인생 끝날까 봐 두려운 것이 주부들 속마음이다. 그래서 다시 일을 하고 싶어

---

[1] 『경제활동인구조사』, 통계청, 2017.2.

하는 주부가 많다.

요즘은 경제 여건이 어려워 외벌이로 살기에는 벅차다. 자녀 학비, 결혼자금, 노후자금을 남자 혼자 벌어 준비하기에는 빠듯하다. 게다가 수명은 길어져 평균 100세까지 산다고 한다. 노후 준비가 제대로 되지 않으면 남은 인생은 축복이 아니라 저주라는 말까지 있다. 그래서 최근에는 결혼하려는 남성이 상대 여성이 직업이 있는지, 전문직인지를 따지기도 한다. 혼자서 감당하기에는 경제적인 부담이 크고 미래가 불안하기 때문이다. 이것은 결혼과 육아 때문에 다니던 직장을 그만두고 전업주부로 사는 여성들이 다시 경제활동을 하고 싶어 하는 이유가 되기도 한다.

취업 포털 잡코리아에서는 직장생활 경험이 있지만 현재는 직업을 갖고 있지 않은 주부 320명을 대상으로 재취업 관련 설문조사를 실시했다. 놀랍게도 응답자의 94.4%가 재취업을 원하고 있었다. 재취업을 하고 싶은 이유는 '경제적인 이유', '미래를 대비하기 위해서'가 가장 많았다.[2]

일을 하면 수입이 있어서 좋고 자신의 능력을 펼칠 수 있어 더욱 즐겁다. 당당하고 자신감 넘치는 삶을 살 수도 있다. 일이 있다는 것은 행복한 일이다. 자신이 좋아하는 일을 하고 성취감을 느끼는 것은 젊게 살 수 있는 비결이다. 마음은 언제나 청춘이다. 활기차던 남자도 정년퇴직 후 일이 없으면 1~2년 만에 갑자기 늙는 경우가 많다고 하지 않는가? 일이 활력소이기 때문이다.

---

[2] 취업 포털 잡코리아가 전하는 여성 재취업 성공 가이드, 2015.11.10. http://m.post.naver.com/viewer/postView.nhn?volumeNo=2861278&memberNo=9028903&vType=VERTICAL

주부의 역할을 잘해 내는 것도 힘든 일이다. 주부라는 그 자체만으로도 전문 직업 못지않은 노하우와 능력이 필요하다. 자부심을 가질 만하다. 그러나 자녀가 어느 정도 크고 나서 직업을 가질 생각이라면 미리 준비해야 한다. 틈틈이 자기 계발을 해야 한다. 취미생활도 대충 하지 않고 남들과 차별화되게 전문적으로 하면 그것이 직업으로 연결될 수도 있다. 모든 경험이 기회와 연결된다.

임신, 출산, 육아나 가족 돌봄 등을 이유로 경제활동을 중단했거나 경제활동을 한 적이 없는 여성 중 취업을 희망하는 여성을 '경력단절여성'이라고 한다. 현실적으로 경력단절여성의 재취업은 만만치 않다. 고용센터나 취업지원기관을 방문하는 경력단절여성 중 정말 아무 준비도 없이 취업하려는 사람을 볼 때면 '이분을 어떻게 취업시켜야 하나' 막막하다. 반면에 나름대로 직업훈련도 받고 자격증도 취득해서 준비한 사람은 아무래도 취업이 빠르다.

그래서 전업주부로 있는 동안 차근차근 능력을 키우라고 권하고 싶다. 준비된 사람은 어려움 속에서도 기회를 잡을 수 있다.

CHAPTER 3

딸에게 권하고 싶은 인생

어떤 사람이 하버드대학교 박사가 될까?

가발 공장 직공으로 일하다가 미국으로 건너가 하버드대학교 박사가 될 수 있을까?

그런 여성이 있다. 바로 서진규 박사다.

그녀는 1948년 부산광역시 기장군에서 태어났다. 여고를 졸업하고 가발 공장, 골프장의 식당 종업원으로 일했다. 우리가 생각하는 '하버드의 공부벌레들'과는 거리가 먼 사람이었다. 그녀는 용기가 있었다. 자신의 인생을 사랑했고 넓은 세상을 경험하려는 도전 정신으로 가정부 모집 광고를 보고 미국행을 감행했다. 미국에서 만난 합기도 사범과 결혼했지만 남편의 폭력으로 결혼생활은 행복하지 못했다. 남편의 폭력을 피하기 위해 그녀가 선택한 것은 군 입대였다. 그 후 두 번의 이혼을 했고 가족의 생계를 책임져야 했다. 그렇게 힘든 생활 속에서도 그녀는 공부를 했고 마흔이 넘은 나이에 하버드대학교 석사과정에 입학했다. 하버드대학교에 입학한 지 16년이 지난 59세가 되어서야 박사 학위를 받았다. 그녀는 소위로 군을 제대한 후 동기부여 강사로 활동하고 있다.[3]

하버드대학교에 다니면서 공부만 하는 것도 힘들었을 텐데 직장인, 엄마의 역할까지 함께 해내야 했다. 그 어려움은 말로 다 하기 힘들 것이다. 그러나 서진규 박사는 어려움 속에서도 자신의 삶을 성공적으로 일구어 냈다. 그녀가 살아오는 과정을 보면서 자란 딸 성아 역시 하버드대학교에 입학을 했다. 서진규 박사는 자신의 딸에게 훌륭한 롤모델이 되어 주었다. 서진규 박사는 자신의 저서 『꿈꾸는 엄마로 산다는 것』에서 군인으로 전근을 많이 해야 했기에 딸 성아에게 엄마 역할을 제대로 해 주지 못해 미안하다고 했다. 그렇지만 그녀는 쉽게 좌절하지 않는 엄마, 현실보다 미래를 생각하는 엄마, 꿈꾸며 행동하는 엄마의 모습을 아이에게 행동으로 보여 주었다. 서진규 박사의 그런 모습을 딸이 그대로 닮아 감사하다고 했다. 열 번의 잔소리보다 행동으로 보여 주는 부모의 모범이 자식에게는 더욱 효과적인 법이다.

서진규 박사의 딸 성아는 『꿈꾸는 엄마로 산다는 것』에서 엄마에 대해 이렇게 말한다.

---

3) 『꿈꾸는 엄마로 산다는 것』, 서진규, RHK.

단 한 번도 엄마는 본인의 인생에 만족을 하지 않으셨다. 항상 더 높은 곳을 향해 나아갔고 그것이 얼마의 시간이 걸리든 쟁취하셨다. 엄마의 인생은 독립적이고 열정적이었다. 나는 엄마의 성취를 무척 자랑스럽게 생각했다. (중략) 내 인생의 최고 목표도 아마 그것이 아닐까? 나는 딸이 자랑스러워하고 존경하는 엄마가 되고 싶다.4)

나는 이 글을 읽으며 서진규 박사가 부러웠고 대단하다고 생각했다. 서진규 박사는 자신의 삶으로 자녀에게 산교육을 했다. 부모의 평소 생활 태도와 가치관은 자녀에게 그대로 전달된다. 부모가 열심히 살면 자식도 열심히 산다. '열심히 살아라' 하고 수백 번 말하는 것보다 행동으로 보여 주는 것이 훨씬 가치 있는 교육이다.

부모라면 자식이 잘되기를 바라는 것이 당연하다. 자녀가 행복하게 살길 원한다. 정신적으로 물질적으로 풍요롭게 살기를 희망한다. 미래를 꿈꾸고 꿈을 성취하기 위해 노력하는 삶은 아름답고 행복하다. 어떤 부모든 자식이 그런 삶을 살기를 원할 것이다.

당신은 딸이 어떤 삶을 살기를 원하는가? 당당한 직장인으로 꿈을 가지고 사회적 성취를 이루며 살아가기를 원하는가? 그렇다면 말이 아니라 행동으로 보여 주자. 딸에게 권하고 싶은 인생을 엄마가 먼저 모범을 보이는 것은 어떨까?

---

4) 『꿈꾸는 엄마로 산다는 것』, 서진규, RHK, p.303.

나는 29년 전인 1989년에 고용노동부 공무원이 되었다. 결혼 후 1993년에 첫아들이 태어났다. 시어머니와 친정엄마 모두 아이를 돌봐 줄 형편이 안 돼서 이웃 아줌마에게 아이를 맡겼다. 그런데 아이가 돌이 되기도 전에 돌봐 주시던 분이 더 이상 애를 봐 줄 수가 없다고 해서 다른 사람을 구했다. 두 번째 분도 채 1년이 안 돼 사정이 생겨서 못 보겠다고 했다. 1년마다 돌봐 주는 분이 바뀌니 아이의 정서가 염려 되었다. 더구나 남편은 지방에서 근무하고 있어서 나 혼자 육아를 감당하며 일을 하기가 너무 힘들었다. 결국 직장을 그만두기로 결심하고 친정 부모님께 말씀을 드렸다.

친정아버지는 "일을 그만두면 안 된다. 앞으로는 여자도 일이 있고 돈을 벌어야 당당하게 살 수 있다. 절대 그만두지 마라"고 하셨다. 친정아버지는 전업주부인 언니에게 나를 도와주라고 부탁하셨다. 언니가 첫애를 돌봐 주기로 해서 직장을 그만둘 위기를 넘겼다. 그 후에도 일을 그만둬야 할 위기가 많았지만 어쨌거나 지금까지 일을 하고 있다. 열심히 일했고 2015년에 사무관으로 특별 승진을 해서 대구고용복지플러스센터 취업지원과장으로 근무하고 있다. 딸의 미래를 위해 계속 일을 해야 한다고 조언 주시고 지원해 주신 아버지께 감사하다.

가끔 '그때 직장을 그만뒀으면 지금의 내가 있을까?'라는 생각을 한다. 주부로 살았다면 지금의 내가 존재하기는 어려울 것이라고 생각한다. 일을 하면서 나의 사고와 능력이 성장했다. 사회를 보는 시야가 좀 더 넓어졌고 미래를 고민하고 꿈을 키웠다. 그래서 공부를 시작했고 상담 관련 대학원 석사 학위를 취득하고 박사과정을 수료했다. 계속 일을 했기에 여성의 진로에 대해 고민하다 보니 책을 쓸 생각도 했고 지금 이 책을 집필하고 있다. 고용노동부 공무원으로 일하면서도 직업과 진로에 대한 전문 지식을 쌓기 위해 노력하고 있다. 더욱 보람 있고 행복한 전문가가 되기 위해 준비하고 있다.

나는 아들만 둘이다. 만약 내게 딸이 있다면 나는 딸에게 어떤 충고를 했을까? 육아와 일을 함께 해내는 것은 고생스럽다. 아이와 엄마, 아빠 모두에게 쉬운 일이 아니기에 일을 선택해야 한다고 선뜻 말하기는 어렵다. 저마다의 가치관이 다르고 처한 상황이 다르기에 선택은 자신의 몫이다. 그러나 나의 아버지처럼 나도 내 딸에게 우선은 직장을 계속 다닐 수 있는 방법을 찾으라고 권했을 것이다.

그럼에도 내 딸이 육아 때문에 직장을 그만두기로 했다면 그 선택을 존중할 것이다. 그러나 가능한 한 아이를 키우면서 다시 사회생활을 준비하도록 격려할 것이다. 살림만 하면서 살도록 내버려 두지는 않을 것이다. 아이가 자라서 어느 정도 시간적 여유가 생기면 일을 하라고 권할 것이다. 하고 싶은 일을 할 수 있게 미리 준비하라고 조언할 것이다. 일을 하는 즐거움과 경제활동을 하면서 얻는 여유로움을 찾기를 바랄 것이다. 일로써 자신의 능력을 더욱 발전시키고 성취감을 느끼며 살기를 바랄 것이다. 누구 엄마, 누구 아내로 사는 것도 좋지만 자신의 꿈을 이루기 위해 마음껏 능력을 펼쳐 보라고 권할 것이다.

여러분은 어떤가? 딸에게 어떤 인생을 권하고 싶은가? 딸에게 권하고 싶은 인생, 내가 먼저 도전해 보자.

CHAPTER 4

전문가를 준비하라

현대사회는 전문화되고 있다. 점점 더 전문화되어 가는 세상에서 살아가기 위해 준비해야 할 것은 무엇일까? 취업은 갈수록 어렵다. 청년은 청년대로, 중년은 중년대로, 남성은 남성대로, 여성은 여성대로 모두 취업이 어렵다고 한다.

취업이 어려워 청년은 삼포, 오포, 칠포를 넘어 N포 세대라고까지 한다. 얼마 전 모 그룹이 신입사원도 명예퇴직 대상에 포함했을 정도로 고용시장은 치열하다. 장년층의 베이비붐 세대는 은퇴를 걱정하고 있다. 준비 없이 직장을 퇴직한 베이비붐 세대는 무엇을 해야 할지 막막한 경우가 많다.

현대인은 건강 상태도 좋아지고 수명도 늘어 예전보다 오래 산다. 수명이 늘어난 만큼 경제활동 기간도 길어진다. 직업인으로 돈을 벌어야 하는 기간이 그만큼 길어졌다는 얘기다. 예전에는 50대 후반에서 60세에 퇴직해도 여생을 지내는 데 큰 걱정을 하지 않았다. 수명이 짧아 60세 정년퇴직을 해도 남은 20년, 30년을 걱정할 필요는 없었다. 또 자녀들이 부양을 해 줬다.

그러나 요즘은 80세는 무난히 넘기고 90세, 100세까지 사는 세상이 되었다. 자신들의 생활을 책임지기에도 버거운 자식들에게 부모니까 부양하라고 말할 수도 없다. 예전에는 60세가 되면 장수를 축하하는 회갑연을 열었다. 요즘은 회갑 잔치는 보기 어렵다. 70세가 돼야 칠순 잔치를 한다.

그런데 경제는 갈수록 팍팍해진다. 도대체 경제가 불황이라는 말이 몇 년째 계속되고 있는지 모르겠다. 물가도 오르고 경제적 수준도 올라갔다. 돈 들어갈 데가 한두 군데가 아니다. 혼자 벌어서는 생활비와 자녀 학비로 쓰고 나면 저축하기도 힘들다고 푸념하는 사람이 많다.

자녀 결혼자금도 준비해야 하는데 노후를 생각하면 걱정이 앞선다. 옛날에는 자식을 키워 놓으면 부모를 부양했기 때문에 노후는 걱정이 없었다. 그러나 자식들 살기도 빠듯한 이 시대에 80세, 90세까지 자녀들에게 기댈 수도 없는 노릇이다.

그러니 맞벌이를 할 수밖에 없다. 한국도 여성들의 경제활동이 늘고 있지만 선진국에 비하면 많이 낮은 수준이다. 2015년 기준 OECD 회원국의 여성경제활동 참가율은 아이슬란드가 79.7%로 가장 높다. 영국(57.1%)은 10위, 미국(56.7%)은 11위인데 우리나라(51.8%)는 33개국 중에 23위로 하위권에 속한다.[5]

경제가 발전할수록 우리나라 여성의 경제활동 참가율도 높아질 것이

---

[5] 경제활동인구 및 참가율(OECD), 통계청, 2015년 기준.

다. 일하려는 여성이 점점 더 많아질 것이 당연하다. 문제는 양질의 일자리는 한정되어 있다는 점이다. 좋은 일자리를 갖기 위해서는 경쟁력이 있어야 한다. 주부로 지내다가 준비 없이 사회에 나오면 취업하는 것이 그리 쉽지 않다. 그렇기에 미리미리 준비해야 한다. 준비하는 사람이 기회를 잡는다.

능력이 있는 사람은 그렇지 않은 사람보다 더 많은 선택권을 가질 수 있다. 한 분야에 능숙한 지식과 기술을 가진 사람은 경쟁력이 있다. 세상에는 많은 사람들이 일을 하고 수입을 창출하고 있다. 준비하고 능력을 키우면 일하고 돈을 버는 사람 중 한 명이 될 수 있다.

나는 평소에 업무로 만나는 사람이나 일상에서 만나는 사람을 직업인의 관점에서 보는 습관이 있다. 외부에 회의하러 가거나 행사에 참여하거나 업무 때문에 만나는 사람들을 유심히 지켜본다. 꽃을 사러 꽃집에 가거나 음식점, 미용실, 슈퍼마켓에 가도 유심히 살핀다.

이 사람에게 어떤 능력이 있는지, 어떤 태도로 일을 하는지 눈여겨본다. 남다르다 싶은 사람에게는 초면에도 이런저런 것을 물어본다.

"어떻게 지금 하는 일을 시작하게 되었어요?"

"어떤 과정을 거쳐서 이 일을 하게 되었나요?"

"어떤 방법으로 필요한 기술과 능력을 쌓았나요?"

"수입은 어느 정도 되나요?"

"지금 이 일을 하면서 즐거운가요?"

"힘든 점은 없었나요?"

"앞으로의 비전을 갖고 계시나요?"

이런 질문들을 통해 얻은 결론은 '전문성'이다. 열정을 가지고 자신이 하려는 일을 준비한 사람이 취업에 성공하고 창업에 성공하는 것을 봐 왔다. 전문성이라고 해서 특별하고 어려운 것이 아니다. 작은 일이지만 자신이 하는 일에 호기심과 열정을 가지고 공부해서 남들보다 한 수 위만 되어도 전문가로 대접받고 경쟁력을 갖는 것을 많이 보았다.

김선애 씨는 고용복지플러스센터에서 자립지원상담사로 일하고 있다. 그녀가 하는 일은 취약계층의 복지상담과 취업 지원이다. 그녀도 결혼과 육아로 경력단절 기간이 있었지만 공부하고 전문성을 쌓아 현재의 일을 하고 있다.

그녀는 고등학교를 졸업하면서 대기업 계열사에 현장직으로 입사했다. 성실하고 붙임성도 좋아 2년 6개월 정도 지나 동료들의 투표로 회사 측에 직원의 복지를 건의하고 협의하는 직책을 맡기도 했다. 4년 정도 근무하고 결혼을 하면서 퇴사했다.

결혼 후 2남 1녀를 키우다가 막내가 23개월이 되던 2001년에 다시 일하러 나갔다. 퇴직했던 대기업의 협력사에서 부업 관리 담당자로 10년 정도 일하다가 다시 퇴직했다. 군인이던 남편이 퇴직하면서 식당을 열게 되어 함께 식당을 경영하기 위해서였다.

식당을 운영하면서 37세였던 2010년에 전문대학교 사회복지과에 진학했다. 당시는 사회복지사가 새로운 직업으로 인기 있던 시기였다. 처음 1년은 주간으로 다니고 2년째가 되자 식당은 남편에게 맡기고 경리로 취업해 일하면서 학교를 다녔다. 애들 키우면서 학교도 다니고 직업상담사 자격증도 취득했다. 그러면서도 2년 동안 장학금을 받을 정도로 열정적으로 공부했다. 그때는 하루에 3시간 이상을 자 본 적이 없었다.

졸업하던 해인 2012년 1월에 전문대학교에서 함께 공부했던 선배의 소개로 민간 취업 지원 업체인 A회사에 입사했다. 취업 지원 관련 업무를 하면서 각종 행사를 개최하고 구인 업체 섭외, 구직자 매칭 업무를 했다. 이력서, 자기소개서, 심리검사 MBTI 강의도 진행했다.

선애 씨는 취업 지원과 관련된 일을 하는 동안 일이 그렇게 재미있을 수가 없었다. 1년 11개월 동안 일한 후 다른 도시로 이사할 사정이 생겼다. 회사를 그만둬야 하나 고민하던 중에 교통사고를 당했다. 3개월간 치료를 받아야 해서 퇴사를 했다. 그런데 치료가 끝나갈 즈음 이사 갈 필요가 없게 되었다. 선애 씨가 다녔던 A회사 사장은 다시 회사로 나와 달라고 요청했고 같은 시기에 시청에서 일할 자립지원상담사를 채용한다는 공고가 났다. 선애 씨는 자립지원상담사에 지원하기로 했다. A회사 대표는 기다리고 있을 테니 자립지원상담사로 채용이 안 되면 회사로 오라고 했다. 감사한 일이었다.

자립지원상담사 채용 인원은 1명이었다. 선애 씨는 48번째로 원서를 접수했다. 원서 접수 마감이 이틀이나 남아 있었는데도 48번째라니…. 경쟁률이 최소한 48 대 1이 넘는다는 얘기였다. 하지만 선애 씨는 이 경쟁을 뚫고 당당히 합격했다.

2014년 3월 1일 자로 자치단체의 자립지원상담사가 되어 취약계층에게 복지와 취업 지원 서비스를 연계하는 일을 했다. 2015년부터는 자립지원상담사의 소속이 고용노동부로 변경되어 지금은 고용복지플러스센터에서 근무하고 있다.

선애 씨는 지금의 자신이 있게 된 것은 대학 시절 교수님의 조언 덕분이라고 했다.

"선애 씨를 6개월간 지켜보니 다른 사람들하고 상대하는 것을 잘하네. 선애 씨는 정보가 필요한 사람에게 정보를 찾아서 전달하는 것이 잘 맞을 것 같아. 사회복지사보다 직업상담사를 공부해 봐"라고 조언해 주셨다.

직업상담사라는 것이 있는 줄도 몰랐고 자신의 적성이 그 일에 적합한지도 몰랐는데 교수님이 길을 알려 주셨다. 직업상담사 공부를 여름에 시작해서 겨울에 합격했다. 지금도 교수님과 연락을 하고 지낸다면서 정말 감사하게 생각한다고 한다.

때로는 자신도 잘 모르는 적성을 남이 오히려 잘 보기도 한다. 선애 씨의 교수님은 객관적으로 선애 씨를 판단할 수 있었을 것이다. 또 취업 관련 정보가 더 많고 학생들을 취업시킨 경험이 풍부했기 때문이었을 것이다. 이렇게 옆에서 적성을 알아보고 길을 알려 주는 사람이 있다는 것은 큰 행운이다.

그러나 제일 중요한 것은 선애 씨가 전문적인 지식과 능력을 갖추기 위해 노력한 것이다. 그녀의 노력이 없었다면 직업상담사 자격증을 따지도 못했을 것이고 A사에 취업해서 경력을 쌓지도 못했을 것이고 고용복지플러스센터에서 자립지원상담사로 일할 수도 없었을 테니 말이다. 행운은 노력하고 준비하는 자의 것이다. 무엇이든, 어떤 일을 하든 '내가 전문가다. 전문가가 될 것이다'라는 마음가짐으로 임하자. 전문성은 현대사회에서 가장 강력한 무기가 된다.

CHAPTER 5

다시 세상으로 나가자

미국의 심리학자 에이브러햄 매슬로(Abraham Maslow)는 인간의 욕구를 5단계로 설명하는 '욕구단계이론'을 제시했다. 1943년에 발표되어 현대의 심리학적 사고와 교수법의 초석이 된 이론이다. 이 이론에 따르면 인간은 하위 단계의 욕구를 충족해야 다음 단계로 넘어갈 수 있고 각 단계는 상위 단계를 성취하기 위한 동기로 작용한다. 1단계 생리적 욕구, 2단계 안전의 욕구, 3단계 사랑과 소속감의 욕구, 4단계 자아존중의 욕구, 5단계 자아실현의 욕구이다.

1단계 생리적 요구는 사람들이 살아가는 데 필요한 기본적인 생존과 관련된다. 먹고, 입고, 잠자는 인간의 본능과 관련한 욕구이다. 2단계 안전의 욕구는 개인적, 경제적 안전과 건강, 보험 같은 안전망에 대한 욕구이다. 3단계 사랑과 소속감의 욕구는 가족과 친구들, 종교적 집단과 사회적 집단에 소속되어 사랑받고 인정받고 싶어 하는 욕구이다. 4단계 자아존중

```
            자아실현의 욕구

          자아존중의 욕구
          (명예, 권력, 성취)

       사랑과 소속감의 욕구
       (타인과 관계, 인정, 단체소속)

       안전의 욕구
    (신체적, 감정적 안전 - 위험 회피)

         생리적 욕구
      (의식주, 수면에 대한 욕구)
```

매슬로의 욕구 5단계 이론

의 욕구는 인간의 자긍심과 관련된다. 이 욕구를 충족함으로써 자신감이 향상된다. 최상위인 5단계 자아실현의 욕구[6]는 자신의 흥미, 적성과 능력 등 잠재력을 인지하고 적절히 발휘하여 성취하고자 하는 욕구이다.

상위 단계의 욕구를 충족하는 것은 하위 단계의 욕구를 충족하는 것보다 더 많은 노력이 필요하다. 각 단계의 욕구를 얼마나 충족하며 사는지에 따라 개인의 동기와 만족감도 달라진다. 최상위 욕구인 자아실현의 욕구를 얼마나 충족하며 사는가에 따라 개인이 느끼는 행복감도 달라질 수 있다.

초등학교 때 '직업은 자아실현의 도구'라고 배운 기억이 난다. 그때는 이 말을 아무 생각 없이 받아들였지만 나이가 들수록 '직업으로 어떻게 자

---

[6] 『심리학의 모든 지식』 폴 클라인먼, 정명진 역, 부글북스, 2015.8.20.

아실현을 해? 직업은 돈을 벌기 위한 수단일 뿐이지, 자아실현과는 상관없어라고 생각했다. 그러나 내가 직업인으로 20여 년을 살아 보고 적성과 흥미와 능력을 발휘할 수 있는 일을 고민하고 진로나 직업 지도 관련 공부를 해 보니 '직업은 자아실현의 도구'라는 말이 맞다는 것을 실감한다. 사람은 자신의 흥미와 적성에 맞는 일을 할 때 큰 행복을 느낄 수 있고 성공할 가능성이 커진다. 적성에 맞으면 재미를 느끼게 되고 재미있으면 더 열심히 하게 되고 실력도 덩달아 좋아진다. 많은 시간을 투자해도 지겹지 않고 더욱 몰입하게 된다. 몰입은 재미를 불러오고 다시 능력 발휘와 행복의 선순환을 일으킨다. 일 자체가 행복이 되고 자아실현으로 이어진다.

'1만 시간의 법칙'을 소개한 말콤 글래드웰(Malcolm Gladwell)의 『아웃라이어』에서도 적성과 능력을 발휘할 수 있는 직업을 갖는 것이 탁월한 성공의 비결임을 강조하고 있다. 사람들은 단순히 1만 시간을 투자하면 전문가가 될 수 있다는 사실에 집중한다. 그러나 나는 『아웃라이어』를 읽으며 약간 다르게 생각했다. 1만 시간을 투자하기 위해서는 아무리 오래 해도 싫증나지 않을 정도로 좋아하는 일을 찾는 것이 우선이라고 생각한다. 1만 시간은 사실 엄청나게 긴 시간이다. 어떤 일을 하루 3시간, 10년 동안 꾸준히 해야 하는 시간이다. 건성으로 해서는 안 되고 치열하게 공부하며 발전하기 위한 노력을 해야 한다.

세계적으로 유명한 소프라노 조수미, 발레리나 강수진, 피겨스케이트 선수 김연아. 이들은 세계 최고가 되기 위해 무수한 시간을 연습에 투자했다. 끈기와 근성이 대단한 사람들이다. 그런데 만약 자신의 적성과 흥미에 맞지 않는다면 그 시간들을 참고 인내하며 연습할 수 있었을까?

누구에게나 꿈이 있다. '나는 이런 일을 하면서 살고 싶다', '나는 이런 일을 하면 참 행복할 것 같아', '나는 이런 일을 하면 참 잘할 수 있을 것 같아'라는 생각을 해 본 적이 있을 것이다. 누군가는 실제로 그 일을 하고 살지만 형편상 그렇지 못한 사람도 많다. 꿈을 접어 마음속에 넣어 두었을 것이다. 결혼, 육아 등 저마다의 사정 때문에 하던 일을 그만두고 살림을 하고 있는 주부도 마찬가지다. 지금은 주부라는 역할에 충실해야 하기 때문에 자신만의 꿈의 불씨를 마음 한편 어딘가에 접어 두었을 것이다.

그 '꿈의 불씨'를 소중히 키우라고 권하고 싶다. 꿈을 키우는 것은 자신의 의지와 노력에 달려 있다. 열망이 살아 있다면 언젠가는 꿈을 이룰 수 있다. 지금 당장 시작할 수 없다면 자신의 꿈을 위해 조금씩 준비하면 된다. 준비하는 과정 자체만으로도 행복할 것이다. 작은 준비의 행동이 쌓이면 꿈을 이룰 수 있다.

열망은 행동을 불러온다. 원하는 것이 있으면 행동하면 된다. 행동하지 못하는 이유는 실패에 대한 두려움 때문이다. '잘 안 되면 어쩌지? 괜히 시간 낭비, 돈 낭비만 하면 어쩌지? 실패하면 부끄러워 어쩌지?' 누구나 가지고 있는 두려움이다. 그러나 이런 두려움을 이겨내고 행동에 옮기는 사람만이 실패든 성공이든 결과를 만들 수 있다. 실패도 없고 성공도 없는 삶은 언제나 제자리일 뿐이다.

박찬호 씨는 전기기사로 취업하기 위해 입사 지원을 했지만 자격 미달로 떨어졌다. 회사에서는 전기기사 자격증을 가진 사람을 원했지만 찬호 씨는 전기기능사 자격증밖에 없었다. 찬호 씨는 계속 구직 활동을 하던 중

그 회사가 고용센터에서 현장 면접을 실시한다는 것을 알게 되었다. 같은 직종, 같은 자격 요건이었다. 찬호 씨는 현장 면접 시간보다 조금 일찍 고용센터에 가서 현장 면접 담당 직원을 찾아가 부탁했다.

"제가 지원 요건에 미달하지만 꼭 면접을 보고 싶습니다. 면접만 볼 수 있게 도와주세요."

찬호 씨의 간절한 부탁에 고용센터 직원은 회사 측에 설명을 하고 찬호 씨는 면접을 봤다. 찬호 씨는 처음 입사지원에서 실패했지만 좌절하지 않고 다시 지원했다. 이런 일은 매우 드물다. 한 번 떨어진 회사에 다시 원서를 넣는 것도 드물고, 회사가 요구하는 자격 요건에 미달하는 사람이 두 번이나 응시하는 것은 대단한 용기 없이는 불가능한 것이다. 결과는 합격이었다. 그 회사에 취업하겠다는 의지, 끈기와 용기가 이뤄낸 값진 취업이었다.

우리가 잘 아는 발명왕 에디슨도 천 번의 실패 끝에 전기를 발명했다. 실패를 견디면서 끊임없이 시도하는 것이 결코 쉬운 일은 아니다. 실패하고 개선하고 실패하고 개선하는 과정을 반복했기 때문에 오늘날의 에디슨이 있게 된 것이다. "실패는 성공의 어머니"라는 명언이 그냥 나온 것이 아니다. 에디슨이 한 말, "나는 실패를 만 번 한 것이 아니라 가능하지 않은 것이 무엇인지 만 번을 발견했을 뿐이다"라는 말을 기억하자.

"Just Do It!(저스트 두 잇!)" 나이키의 광고 문구다. 나는 이 말을 좋아한다. '그냥 해 봐!' 얼마나 간단한가? 나는 하고 싶은 것이 있다면 그냥 해 보는 편이다. 배우고 싶은 것이 있으면 수강 등록부터 한다. 시스템에 나를 넣으면 강제로라도 따라가게 된다. 너무 잘하려고 애쓰지 않는다. 잘하려고 애쓰면 스트레스가 심해서 빨리 지치기 때문이다. 대신 성실하게 한다. 커리큘럼대로 따라 하기만 해도 과정이 끝날 때면 자격증을 얻거나 학위를 받거나 결과물이 생긴다. 하다못해 수료증이라도 받는다. 재고 따지다 보면 기회를 놓치게 되는 경우가 많다. 나이키 광고처럼 그냥 해 보자.

저질러 놓고 열심히 하면 성취는 따라온다. 내가 2013년에 계명대학교 교육학과 상담전공 석사과정에 지원한 것도 그랬다. 당시는 승진을 위해 인사고과 관리와 시험 준비를 해야 할 중요한 시기였다. 그런데 대학원에 가고 싶은 열망이 생겼고 미루기 싫었다. 그래서 이것저것 재지 않고 입학 원서를 냈다. '하다가 힘들거나 못하게 되면 휴학하면 되지'라는 마음으로 시작했다. 직장 동료들은 승진 시험 준비에 몰두해도 시간이 모자랄 판에 대학원에 가느냐고 염려했다. 석사과정 입학 후에 공부는 공부대로, 직장은 직장대로, 집은 집대로 할 것은 많고 시간은 없고 몸은 힘들었다.

그러나 모든 걸 완벽하게 해낼 수는 없으니 포기할 것은 포기하고 정리할 것은 정리하면서 필수적인 것을 우선적으로 해 나갔다. 친구, 직장 동료와의 사교 모임은 최소한으로 줄이고 집안 대소사도 꼭 필요한 것만 참석했다. 몸은 많이 힘들었지만 하고 싶은 공부를 하니 행복했다. 스트레스가 줄어드니 직장 일도 더 열심히 했다. 바쁘게 살다 보니 시간을 효율적으로 사용하는 습관도 길러졌다. 석사과정을 마치기 전인 2015년 8월에 사무관으로 승진했고, 2016년 2월에는 석사 학위도 받았다. 'Just Do It'의 결과다.

나는 노력하는 삶 자체가 아름다운 것이라 생각한다. 무언가를 이루기 위해 노력하는 과정이 아름답다고 생각한다. 성과도 중요하지만 과정이 더 중요하다. 결과는 따라오는 것이다. 나는 선택하기 어려운 과제를 만나면 '내가 죽을 때 이 일을 하지 않은 것을 후회할까, 아닐까'를 생각해 본다. 정말 후회할 것 같다면 하는 것으로 결정한다. 내 여생이 끝나는 날 후회를 줄이고 싶기 때문이다.

하고 싶은 일이 있다면, 이루고 싶은 꿈이 있다면 망설이지 말자. 세상으로 한 발짝 내딛기만 하면 된다. 세상으로 나가기로 결정하고 시작하면 된다. 그리고 시간과 노력을 투자하자. 지금 당장 세상으로 나갈 여건이 되지 않으면 조금씩 준비하자. 차근차근 형편대로, 여건대로 준비하자. 준비하는 사람만이 기회를 잡을 수 있다.

주부로 오래 지내다 보면 세상 밖으로 나가는 것이 두렵다. 일을 해 봤자 얼마 벌지도 못할 것 같다. 150만 원 남짓 받아서 교통비 쓰고 밥 사 먹고 옷 좀 사 입고 나면 남는 것도 별로 없을 것이다. 하지만 이것이 시작점이다. 작게라도 시작하면 경력이 쌓인다. 경력이 쌓이면 150만 원이 200만 원이 되고 실력이 쌓여 전문가가 되면 몸값은 올라가기 마련이다.

우리는 실패가 부끄러운 일이 아님을 알고 있다. 실패는 인생에서 피할 수 없는 부분이고 성공을 향해 갈 때 거칠 수밖에 없는 길임을 알고 있다. 그러나 정작 실패할까 봐 두려워 도전을 포기한다. 자녀가 실패할까 봐 두려워 아무것도 하지 않으려고 하면 부모는 "괜찮아, 겁내지 말고 해 봐. 실패하면 다시 하면 되잖아? 그러면서 잘하게 되는 거야"라고 격려한다. 자신에게도 똑같이 격려해 주자. 용기를 내서 무엇이든 시도하라고 스스로에게 다독이자. 이제 두려워 말고 집 밖으로 나가자. 세상으로 나가서 마음껏 날개를 펴 보자.

PART 2

당신도 전문가가 될 수 있다

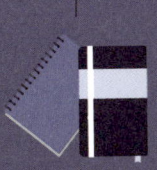

CHAPTER 1

주부의 경력,
취미생활을 활용하라

당신이 지금 당장 취업을 해야 할 상황이 되었다고 가정해 보자. 당신은 즉시 취업이 가능한 능력을 갖추었는가? 또 지금 당장 이직해야 하는 상황이 되었다고 가정해 보자. 당신은 새로운 직장을 쉽게 찾아 취업이 가능한가?

이영숙 씨의 남편은 수입이 일정하지 않다. 그래서 영숙 씨가 프레스 생산직으로 일을 하며 생계를 책임져 왔다. 영숙 씨가 받은 월급으로 대학생, 고등학생인 두 아들을 공부시키고 살림을 했다. 그런데 2016년 초에 지역 산업의 경기가 나빠졌다. 영숙 씨가 다니던 회사도 경영이 어려워져서 인원 감축을 하게 되었다. 영숙 씨는 직장을 잃었고 생계가 막막해졌다.

그녀는 고용센터를 방문해 구직과 실업급여를 신청했다. 새로운 직장을 알아보기 위해 수시로 고용센터에 전화를 하고 찾아갔다. 출퇴근 거리가 멀어도 괜찮고 일하는 시간이 길어도 괜찮다고 생각했다. 하지만 프레스 기술자임에도 취업이 쉽지 않았다. 지역 전체의 경기가 나빠서 직원을 채용하려는 회사가 드물던 탓이다. 가끔씩 구인하는 회사가 생겨도 경쟁이 치열해서 면접도 보지 못하는 상황이 반복되었다. 실업 기간이 6개월이 넘어갔다. 살림살이는 점점 어려워졌다. 마음은 조급하고 우울해졌다. 어떤 날은 너무 우울해서 죽고 싶은 마음이 들기도 했다.

고용센터 담당자는 영숙 씨에게 직업훈련을 받은 후 직종을 전환해서 취업하기를 권했다. 대학생인 영숙 씨의 아들도 엄마에게 직업훈련을 권했다. 그러나 영숙 씨는 하루라도 빨리 취업을 해서 생활비를 벌어야 했기 때문에 직업훈련을 받고 있을 시간이 없었다. 프레스 직종이 아니면 일반 생산직으로 취업을 하려고 계속 알아봤지만 취업은 어렵기만 했다. 악순환의 반복이었다.

나는 영숙 씨를 보면서 안타까운 마음이 많았다. 프레스 외에는 다른 기능이 없는데 프레스공을 채용하려는 회사는 적어 취업이 어려웠다. 일반 생산직도 마찬가지였다. 영숙 씨는 음식 솜씨가 좋은 편이라고 했다. 조리사 관련 직업훈련을 받고 조리사로 취업을 해도 좋겠다 싶었다. 조리사 관련 경험을 쌓은 후 창업을 해도 괜찮을 것 같았다. 조리사가 아니더라도 여성의 강점과 주부 경력을 살려서 좀 더 장기적이고 안정적인 직업을 찾았으면 싶었다. 그러나 영숙 씨는 직업 전환을 위한 탐색과 훈련을 받을 시간적, 경제적 여유가 없었다. '회사에 다닐 때 틈틈이 짬을 내서 다른 능력을 키워 두었더라면 좋았을 텐데' 하는 아쉬움이 컸다.

이직 전 재취업을 준비를 한 사람은 그렇지 않은 사람에 비해 재취업 경험과 재취업 가능성이 높게 나타난다는 연구 결과끼가 있다. 당연한 얘기다. 직장을 다니던 사람이 실직해서 재취업을 할 때도 많은 어려움을 겪는다. 하물며 집에서 살림만 하던 사람이 취업을 하려는 것은 더 어렵지 않겠는가? 그래서 취업을 위한 준비를 해야 한다. 남들과 다른 경쟁력을 확보해야 한다. 똑같이 해서는 안 되기 때문에 더 뛰어난 실력을 갖추어야 하는 것이다. '이것만큼은 자신 있어. 누구한테도 뒤지지 않아!'라는 전문가 수준으로 실력을 쌓으면 훨씬 유리하다.

주부들이 다시 취업을 하는 것이 얼마나 어려운 일인지 겪어 보지 않은 사람은 모른다. 5년, 10년을 집에서 살림만 살다가 직업의 세계로 다시 뛰어들 때는 경쟁력을 많이 잃어버린다. 아이를 낳았는데 키워 줄 사람이 없어서 회사를 그만두고 집에서 살림만 하는 동안 입사 동기들은 계속 일한다. 그 기간이 길면 길수록 회사를 계속 다닌 동기들은 일하는 능력이 향상되고 그만큼 보수도 올라간다. 당신이 회사에 다시 입사하려는 시점에 입사 동기들의 업무 능력과 보수를 따라잡기는 어렵다. 이마저도 회사가 당신을 받아 준다는 가정 하에 생각해 볼 문제다. 직장을 그만두기 전과 같은 수준의 월급만 준다 해도 감사하겠지만 취업문을 통과하는 것마저도 힘이 든다. 현실은 냉정하다.

입사 동기들이 회사에서 실력을 쌓을 때 당신은 집에서 살림하는 실력을 쌓았다. 주부도 경력이 되고 살림 잘하는 것도 능력이다. 살림 실력이 당신

---

7) 실업급여 수급자의 특성과 재취업 행태, 한국노동연구원, 2003.

의 경쟁력이 될 수 있다. 주부로 지내는 동안 쌓을 수 있는 살림 실력이 무엇일까? 요리, 빨래, 육아, 자녀 교육, 집 정리, 청소, 취미 생활. 이 모두가 실력이 되고 능력이 된다. 5년 동안 한 분야에 집중해서 실력을 닦으면 전문가가 될 수 있다. 5년, 10년 주부로 사는 기간을 기회라고 생각하자.

주부의 경력을 썩히지 말고 실력으로 바꿔 보자. 아마추어 수준이 아니라 전문가 수준으로 올려 보자. 매일매일 하는 일에 관심을 가지고 관련 지식을 쌓고 틈틈이 공부하고 생활에서 실습하는 과정들로 남다른 경쟁력을 키울 수 있다. 이렇게 키운 경쟁력이 일로 연결된다. 주부의 관심사가 일로 연결된 사례는 참으로 많다.

요리를 잘하면 요리 실력을 집중적으로 키워 보자. 반찬가게를 열어도 된다. 여성, 주부, 초보라는 점이 장점이 될 수도 있다. 여성이라서 섬세하고 주부라서 끈기 있다. 초보라서 성실하다. 자신이 가진 장점을 최대한 살려 자신에게 맞는 일을 찾으면 된다. 취업이 어려우면 소자본 창업도 괜찮다.

대구에 사는 정희 씨는 요리를 좋아한다. 전업주부였던 정희 씨는 스테이크를 좋아하시는 친정아버지를 위해 요리를 배우기 시작했다. 비싼 스테이크를 직접 요리해서 먹으면 훨씬 저렴하기에 아버지에게 자주 해 드리자 싶어서였다. 한식, 양식 조리를 배우면서 양식당에 실습을 나갔는데 디저트는 주로 빵과 초콜릿 위주로 구성되어 있는 것을 보았다. '디저트에 왜 떡이 없을까?'라는 의문이 생겼고 떡 만들기를 배우려고 마음먹었다. 이리저리 수소문해 보니 서울에 전문적으로 떡 수업을 하는 곳이 있었다.

대구에서 서울까지 떡 만드는 법을 배우러 다녔다. 떡을 시작으로 한과, 약선 요리까지 배우게 되었다. 집에서 만든 떡을 주변 사람에게 맛보라고 나눠 주었는데 주문이 들어오기 시작했다. 처음에는 알음알음으로 시작한 것이 집에서 만들 수 있는 범위를 넘어 가게를 개업하게 되었다. 나중에는 대학교 호텔조리학과에 강의도 나갔다. 취미로 배웠던 요리가 직업이 된 사례다.

집 안을 정리하는 데 소질이 있으면 정리 실력을 더 키워 보자. 2016년에 『하루 15분 정리의 힘』의 저자 윤선현 대표의 강의를 들을 기회가 있었다. 윤선현 대표는 남자인데도 전문가 수준으로 '정리'를 잘한다. 정리 관련 서비스를 제공하는 '베리굿정리컨설팅'을 창업하여 운영하고 있다. 몇 해 전에 『하루 15분 정리의 힘』을 읽은 나도 정리 습관을 기르려고 노력하던 터였다. 윤선현 대표의 강의는 흥미롭고 유익했다. 윤선현 대표는 정리 실력뿐만 아니라 강의 실력도 전문가였다.

윤선현 대표가 정리의 길로 들어선 계기는 로타르 J. 자이베르트(Lothar J. Seiwert)의 『단순하게 살아라』라는 책을 읽은 것이었다. 직장인이던 그는 야근이 많아 피곤을 달고 살았단다. 열심히 일하지만 늘 바쁘고 성과는 나지 않는 일상에 의문이 들었다고 한다. 아마 '제대로 살고 있는 것일까?', '이대로 살아도 될까'라는 의문이 아니었을까 싶다. 그러던 중 우연히 『단순하게 살아라』를 읽고 책 내용을 실천하기 시작했다. 먼저 책상을 정리했고 정리 영역을 넓혀 가면서 변화를 느꼈다. 업무 효율이 높아지고 일상에 여유가 생겼고 스트레스도 줄어드는 경험을 했다고 한다. 주변에서는 그를 '정리전문가'라고 부르기 시작했고 2010년에 '베리굿정리컨설팅'을 창업했다. 지금은 정리컨설턴트 육성과 저술, 강연 활동을 하고 있다.[8]

정리를 잘하는 주부는 많다. 정리정돈은 여자의 전문 영역이 될 수 있다. 남자도 하는 정리전문가, 주부는 더 잘할 수 있다. 주부가 잘할 수 있는 분야, 자신이 잘할 수 있는 분야를 탐색해 보자. 호기심을 가지고 정보를 모으고 실력을 쌓아 보자. 주부로 살면서도 언제 올지 모르는 '기회의 그날'을 위해 준비하면 된다. 언젠가 당신을 스쳐 지나갈 기회를 내버려두지 말자. 기회가 오면 바로 낚아챌 수 있게 준비하자.

---

8) 베리굿정리컨설팅 홈페이지, http://verygoodlife.kr/xe/ceo

CHAPTER 2

꿈을 위한 첫걸음

"커서 뭐가 되고 싶어? 네 꿈은 뭐야?"

어릴 때 어른들이 종종 내게 던진 질문이다. 이 질문에 대답할 때 깊이 생각하지 않았던 것 같다. 내 꿈이 뭔지 나도 몰랐기 때문이다. 그냥 생각나는 대로 대답했다. 때로는 '판사가 될래요' 했다가 때로는 '선생님이 될래요' 했다가 또 때로는 '간호사가 될래요' 했다.

어린 시절에 꿈을 명확하게 정하기는 어렵다. 그런데 커서도 무엇을 해야 할지 깊이 고민할 기회를 갖지 못했다. 그러다 우연히 공무원이 되었다. 공무원 시험 원서 내러 가는 친구를 따라갔다가 나도 원서를 냈다. 운 좋게 시험에 합격해서 이렇게 감사하게 일을 하고 있다. 공무원이 되겠다는 생각은 해 본 적도 없었는데 말이다. 친구 덕분이다.

50대를 바라보는 내 또래가 대학에 진학할 때나 취업할 때 꿈을 우선적으로 고려한 사람은 드물 것이다. 대체로 수능 성적에 맞춰서 대학과 전공을 결정했고 대학 졸업하면서 취업해야 하기 때문에 여기저기 원서를 내고 직장을 구했다. 자신의 꿈에 대해 진지하게 고민할 겨를도 없이. 대체로 그랬다.

그런데 요즘은 많이 달라지고 있다. '좋아하는 일을 하며 먹고 살 수 없을까?'라는 고민을 하는 사람들이 많아졌다. 자신의 꿈을 접어 두고 사는 많은 사람들이 '내가 행복한 일을 하고 싶다'는 생각을 한다. 꿈을 이루지 못한 공허함을 느낀다. 자녀의 진로를 고민하면서 자녀가 잘하는 것, 하고 싶어 하는 것을 고민하다 보면 '나는? 내가 하고 싶었던 것은 뭘까? 내가 잘하는 것은 뭘까?'라는 질문으로 이어진다. 중년에 자신의 정체성에 대해 고민하게 되는 것이다. 자신이 진정으로 하고 싶었던 것을 못하고 여러 가지 형편상 접어 둔 사람들은 나이가 들어 갈수록 꿈에 대한 미련이 남는다. 이렇게 꿈을 접어 두고 살아야 하나, 내 생을 마감하는 날 후회가 남지 않을까 고민하게 된다.

쉰다섯 살에 잘 다니던 직장에 사표를 던지고 화가의 길을 가기로 작정한 사람이 있다. 서촌 옥상화가로 알려진 김미경 화가이다. 『한겨레신문』 기자, 뉴욕 한국문화원 직원, 아름다운재단 사무총장. 그녀가 가진 직업이었다. 그녀는 직장을 다니면서도 그림을 그려 왔는데 어느 날 문득 '하루 종일 그림만 그리고 살았으면 좋겠다'라는 생각이 들었다. 그 생각이 강렬해져 행동으로 옮겼다. 전업 작가가 되기로 한 것이다. 그녀가 직장을 그만두고 그림을 그리며 살겠다고 했을 때 사람들의 반응이 두 가지였다고 한다. '그림에 재능이 있나 보다'와 '그림은 아무나 그리나'.

그녀는 직장을 그만둔 후 생계를 위해 빵집에서 아르바이트를 했다. 그것도 자신이 다니던 사무실 앞 빵집에서. 그녀는 자신이 재미있어 하는 일이니까 타인의 시선에 초연할 수 있었다고 한다. 좋아하는 일을 하고 살겠다는 마음이 가장 중요했단다. 그녀는 자신을 '그림 그리는 노동자'라고 부른다. 취미로 그리는 것이 아니라 직장생활 하듯이 시간을 정해 놓고 치열하게 그림을 그리기 때문이다. 그렇게 치열한 전업 작가 생활 2년 만에 전시회를 두 번이나 열었고 그림은 완판을 기록했다.[9]

자신의 꿈을 이루기 위해 결단하고 행동으로 옮기는 사람은 용기 있는 사람이다. 그녀의 용기에 박수를 보내고 싶다. 그녀의 그림이 궁금해 인터넷을 검색해 보았다. 그림들이 따스했다.

김미경 화가처럼 자신의 꿈이 무엇인지 알고 있는 사람은 꿈을 이루기 위해 결심하고 행동하기가 오히려 쉽다. 40대 후반의 지인들과 얘기를 나누다 보면 인생의 중반기에 자신의 꿈을 찾고 싶어 하는 사람들이 많다. 자신의 정체성을 찾아 무엇이든 하고 싶은데 뭘 해야 할지 모르겠기에 답답하단다. 아무리 생각해 봐도 "아직도 하고 싶은 것을 모르겠다"는 것이다. 이런 사람들은 내게 묻는다. "내가 뭘 하면 좋을지 좀 찾아줘 봐." 그러나 자신의 꿈을 타인이 정해 줄 수는 없다. "당신이 하고 싶은 일은, 꿈은 이것입니다" 하고 남이 정해 준 것이 자신의 꿈이 될 수 없다. 꿈을 찾는 작업은 쉽지 않다. 자신의 내면을 탐색해야 하고 자신이 가진 능력에 대해 고민해야 하고 그것을 이끌어 내야 한다.

---

9) 『좋아하는 일로 먹고 사는 법』, 한명석 외, 사우, pp.37~53.

자신이 좋아하는 일을 하며 사는 것은 분명 행복한 일이다. 모든 사람이 원하는 일이다. 그러나 '막상 당신이 좋아하고 꿈꾸는 일은 무엇입니까?'라고 물어보면 시원하게 대답하는 사람은 드물다. 자신이 좋아하는 일, 그 일을 하고 있으면 행복한 일, 그런 일을 직업으로 가지고 싶다고 누구나 생각은 하지만 진지하게 고민하고 찾아본 사람이 의외로 많지는 않다. 막연하게 좋아하는 일, 늘 꿈꾸던 일을 하고 사는 멋진 삶을 꿈꾸고 있을 뿐이다.

20대의 사회 초년생이 아닌 주부들이 없는 시간 쪼개서 새로운 시작을 준비하는데 자신의 적성과 흥미와 상관없는 엉뚱한 직업을 선택한다면 안타까운 일이다. 일자리 구하기가 하늘의 별 따기처럼 어려운데 적성과 흥미를 따지는 것은 사치라고 말하고 싶은 사람도 있을 것이다. 지금 당장 취업해서 한 푼이라도 버는 게 중요하다고 생각하는 사람도 있을 것이다. 그렇지만 나이 들어 새로 시작하기에, 다시 직업을 갖는다는 것이 쉬운 일이 아니기에 더욱 진지하게 탐색해야 한다. 자신에게 맞는 일, 잘할 수 있는 일을 찾아야 일이 재미있고 더 열심히 하게 되고 경쟁력이 생긴다.

『꿈을 찾으면 내 직업이 보인다』에 참으로 적절한 예시가 나온다.

직업인으로서 성공하는 방법은 여러 가지가 있습니다. 그중에 흥미, 적성, 가치관 등 자신과 잘 맞는 직업을 선택하는 방법이 지름길일 것입니다. 여러분이 잘 아는 『토끼와 거북이』 이야기를 생각해 봅시다. 이야기에서는 경기 중에 토끼가 잠을 자기 때문에 성실하고 끈기 있게 노련한 거북이가 이겼지만 현실은 다릅니다. 거북이가 죽을힘을 다해 달려도

토끼를 이길 수 없습니다. 그런데 물속에서 경주를 한다면 상황은 달라지겠지요? 물속에서는 토끼가 죽을힘을 다해 노력한다 해도 거북이를 이기기 어렵겠죠?10)

나이 들어 새롭게 시작하는 직업이라면 하기 싫은 일을 억지로 하면서 스트레스 받기보다는 것보다 좋아하는 일을 잘하는 일을 하면서 살자. 스트레스 없는 삶은 없다. 그러나 적성과 흥미에 맞는 일을 하면 맞지 않는 일을 하는 것보다는 스트레스를 훨씬 적게 받을 것이다. 그렇기에 꿈을 위한 첫 발자국은 '자신에 대한 이해와 탐색'이다. 지금 이 순간부터 자신이 하고 싶은 일, 하고 있으면 행복한 일이 무엇인지 생각해 보자. 하고 싶은 일이 있으면 우선 해 보자. 호기심이 생기면 우선 해 보는 것이 중요하다. 실제로 해 보면 자신의 생각과 다를 수도 있다. '아르바이트'나 '임시직'으로 체험도 해 보자. 시행착오를 줄이기 위해 경험을 많이 해 보자.

자신이 좋아하는 일, 적성에 맞는 일을 찾기 위해 직업심리검사나 직업상담을 받아 보는 것도 좋은 방법이다. 고용노동부에서 운영하는 워크넷(www.work.go.kr)이나 교육부에서 지원하고 한국직업능력개발원에서 운영하는 커리어넷(www.career.go.kr)의 홈페이지를 방문하면 인터넷으로 실시하고 결과지를 출력해 볼 수 있다. 결과지에 대한 설명을 듣고 싶으면 고용노동부 고용센터를 방문하여 서비스를 받을 수 있다.

워크넷에는 한국고용정보원에서 개발한 직업심리검사가 청소년(10종)

---

10) 『꿈을 찾으면 내 직업이 보인다』 최명선·서진아·문은미, 이담북스, p.110.

과 성인(13종)을 대상으로 총 23종이 있다. 검사 안내를 읽어 보고 자신에게 필요한 검사를 해 보면 된다. 검사는 인터넷으로도 가능하고 고용센터를 방문해서 지필 검사로도 할 수 있다. 지필 검사는 가까운 고용노동부 고용센터(TEL. 1350)에서 무료로 실시하고 있고 단체 검사도 가능하다. 커리어넷에서는 진로개발준비도검사, 직업가치관검사, 주요능력효능감검사를 할 수 있다.

직업심리검사의 종류와 내용

구분	직업심리검사 종류	내용
워크넷	성인용 직업적성검사	적성에 맞는 직업 분야 제시
	직업선호도검사 S형	흥미 유형 및 적합 직업 탐색
	직업선호도검사 L형	흥미 유형, 성격, 생활사 특징을 측정하여 적합 직업 안내
	구직준비도 검사	구직활동 특성을 측정하여 부족한 활동의 정보 제공
	창업적성검사	창업 적성과 적합 업종 추천
	직업전환검사	전직 희망자에게 적합 직업 추천
	직업가치관검사	직업 가치관 이해 및 적합 직업 안내
	영업직무기본역량검사	영업직 직무 수행 및 적합 분야 제시
	IT직무기본역량검사	IT 직무 관련 적성 및 인성 요인
	준고령자 직업선호도검사	직업 선택과 관련된 의사 결정
	중장년 직업역량검사	중장년 근로자의 후기 경력 개발에 중요한 직업 역량 진단
커리어넷	진로개발준비도검사	진로 개발을 위해 어떤 노력을 해야 하는지 조언 제공
	직업가치관검사	개인이 직업 선택 시 중요시하는 가치와 적합 직업 추천
	주요능력효능감검사	14개 직업군별로 요구되는 능력에 대한 적합도, 직업 추천

출처: 워크넷,11) 커리어넷 홈페이지12)

---

11) http://www.work.go.kr/consltJobCarpa/jobPsyExamNew/jobPsyExamList.do?tabMode=2, 2018.2.1. 08시15분
12) http://www.career.go.kr/cnet/front/examen/inspctMain.do?gubun=8, 2018.2.1. 08시31분.

일반적으로 직업적성검사, 선호도검사, 준비도검사, 가치관검사를 주로 실시한다. 그 외에 자신에게 필요한 검사를 선택하면 된다. 검사 결과는 자신의 흥미, 적성, 가치관을 반영한 것이므로 직업 준비를 위한 자료로 활용하면 유용하다.

정확한 해석과 이해를 위해서는 집 가까이에 있는 고용센터나 상담 기관을 방문해 대면 상담을 받으면서 직업심리검사에 대한 해석을 들어 보는 것이 도움이 된다.

CHAPTER 3

가슴 뛰는 일을 하라

스트레스는 만병의 근원이다

'스트레스'라는 말은 미국의 생리학자 캐논(Canon)이 스트레스를 받았을 때의 생존 반응을 발표하면서 처음 학계에 소개했다. 캐나다의 내분비학자 셀리에(Selye)는 스트레스에 오랫동안 노출되면 질병이 생길 수 있다고 제시했다. 긍정심리학자로 잘 알려진 셀리그먼(Seligman)은 '학습된 무기력(learned helplessness)'을 소개하면서 피할 수 없이 계속되는 스트레스 상황이 우울증을 유발한다고 주장했다. 스트레스가 신체적인 질환과도 관련 있다는 사실은 잘 알려져 있다. 지속적인 스트레스는 면역력도 약화시킨다. 반면 좋은 스트레스도 있다. 약간의 스트레스는 생활의 활력소로 작용하기도 한다. [13]

---

[13] 네이버 지식백과, 국가건강정보포털 의학정보, http://terms.naver.com/entry.nhn?docId=2119609&cid=51004&categoryId=51004

개인이 받는 스트레스는 자신의 건강뿐만 아니라 가정과 사회에도 영향을 미친다. 마음이 건강할 때는 잘 넘어가는 일도 스트레스가 많으면 예민하게 반응한다. 부모의 심리 상태는 자녀에게도 영향을 준다. 특히 엄마의 심리 상태는 가족 전체의 분위기에 중요한 역할을 한다. 엄마가 행복해야 아이들도 행복하다. 똑같은 일에도 스트레스를 많이 받은 날에는 아이들에게 욱하고 성질을 부릴 때가 있잖은가? 그러고 나면 꼭 후회하면서도 그 순간을 참고 넘기기가 힘들다.

한국직업능력개발원에서는 우리나라 직업인의 직무만족도 실태를 조사했다. 직무만족도는 업무 성과뿐만 아니라 개인의 행복에도 영향을 주는 중요한 요인이다. 연령별로는 30대와 40대, 학력은 고학력자일수록 직무만족도가 높았다. 직업만족도와 일의 내용에 대한 만족도는 소명의식, 사회적 평판, 사회봉사, 업무자율성과 같은 직업전문성과 관련된 요소와 상관관계가 높게 나타났다고 한다. 직업전문성이 높으면 직무만족도가 높을 수 있음을 알 수 있다.[14]

나는 SBS TV「생활의 달인」이라는 프로그램을 볼 때마다 달인들의 실력에 감탄한다. 출연하는 달인들을 보면 한결같이 고수다. 하는 일에 전문자격증을 가진 사람들이 아니다. 단순한 일을 하더라도 타의 추종을 불허하는 실력을 가진 사람들이다. 이런 사람들이 '진정한 전문가'다. 무슨 무슨 자격증이 전문가를 증명해 주는 것이 아니라 현장에서 갈고 닦은 솜씨가 일류인 사람들이다. 달인들은 대부분 즐겁게 일하고 있다. 자신이 하

---

14) Krivet Issue Brief, 제83호, 2015.9.15.

는 일을 좋아하고 잘하기 위해 남보다 많은 노력을 한 사람들이다. 출연한 달인들이 '나는 이 일이 스트레스 받아서 못 하겠어요'라고 하는 것을 본 적이 있는가? 그들은 자신의 일을 사랑한다. 일 자체를 즐긴다. 고수는 그저 되는 것이 아니다. 다른 사람보다 훨씬 많은 시간과 노력을 투자해야 한다. 좋아하는 일을 하는 사람과 싫어하는 일을 하는 사람 중 누가 고수가 되기 쉬울까? 자신이 하는 일을 '천직'이라고 여기는 사람은 즐겁게 일하면서 고수가 될 수 있다.

취업 포털「사람인」에서 실시한 조사에는 직장인 10명 중 7명이 자신의 일이 천직이 아니라고 생각하는 것으로 나타났다. '원했던 일이 아니어서, 재미가 없어서, 적성에 맞지 않아서'라고 말하는 사람들이 76.5%나 된다고 한다.15) 10명 중 8명 정도가 일에 재미를 느끼지 못한다는 말이다. 다른 직장으로 갈 수가 없어서, 경제적인 이유 때문에 하기 싫은 일이지만 억지로 하고 있는 것이다. 이런 사람이 고수가 될 수 있겠는가? 전문가가 될 수 있겠는가? 사람들은 누구나 즐겁게 일하고 싶어 한다. 모든 직장인이 행복한 일을 꿈꾼다. 앞에서 소개한 조사에서 2명 중 1명은 천직을 찾기 위해 현재의 일을 그만둘 생각이 있다고 한다. 직장인의 절반이 자신이 하는 일이 적성에 맞지 않아 스트레스를 받고 있고 직장을 떠나고 싶어 한다는 것이다. 자신에게 맞는 일을 찾을 수 있다면 당장이라도 떠나고 싶은 사람들이다. 이들이 그렇게 간절히 찾기 원하는 '천직'은 무엇일까? 한마디로 '타고난 직업'이다. 자신이 가진 재능을 맘껏 펼칠 수 있고 행복을 느끼며

---

15) 사람인(saramin) 홈페이지, http://www.saramin.co.kr/zf_user/help/live/view?idx=30769

즐겁게 할 수 있는 일이다.

　남들이 부러워하는 직장일지라도 삶의 의미를 느끼지 못하고 시간을 허비하고 있는 느낌이 들어 가슴이 시키는 일을 찾아 직장을 그만둔 사례는 많다. 우리가 잘 아는 한비야 씨도 그런 경우다. 한비야 씨는 국제 홍보회사에서 근무하다가 어릴 때부터의 꿈인 세계 일주를 위해 회사를 그만두었다. 세계 오지를 여행한 경험이 그녀를 국제난민기구에서 일하도록 이끌었다. 나는 몇 년 전에 한비야 씨의 강연을 들은 적이 있다. 그날은 평일이어서 회사를 조퇴하고 강연을 들으러 갔다. 강연을 하는 내내 한비야 씨는 아주 행복해 보였다. 열정을 담아 자신이 살아온 이야기를 해 주었고 가슴 뛰는 일을 하라는 메시지를 전해 주었다. 특히 청년들에게 돈과 명예만 생각하지 말고 진정으로 하고 싶은 일을 하라고 충고했다. 자신의 경험에서 우러나온 진심 어린 말이었다. 좋아하는 일, 가슴 설레는 일을 하는 것이 인생을 행복하게 사는 비결임을 느낄 수 있었다.

　주부로 지내다 일을 찾아 사회로 나오는 경력단절여성들이 가슴 설레는 일이 무엇인지 고민해서 그 일을 준비하고 실력을 쌓아서 시작했으면 좋겠다. 날마다 가슴 뛰는 일이 될 수 있도록.

CHAPTER 4

준비하는 자에게 오는 행운

'내게는 왜 행운이 찾아오지 않을까?'라고 생각하는 사람이 많다.

행운은 준비하는 사람에게 온다. 준비와 기회가 만나서 행운이라는 결과를 만든다. 『네 안에 잠든 거인을 깨워라』를 쓴 앤서니 로빈스(Anthony Robbins)가 한 말이다. 인생에는 수많은 기회가 있다. 그 기회를 잡으려면 준비가 되어 있어야 한다. 준비가 되지 않았을 때는 기회를 알아채지도 못하고 흘려보내기 쉽다.

○○고용복지플러스센터에서 팀장으로 일하고 있는 장미정 주무관은 52세의 7급 공무원이다. 지금은 남들이 부러워하는 공무원이지만 그녀도 경력단절여성이었다. 두 아이를 낳고 주부로 지내다가 1996년에 노동부(현 고용노동부)에서 설립한 취업알선기관인 인력은행에 직업상담원으로

직장생활을 시작해 2007년에는 공무원이 되었다. 그녀의 얘기를 들어 보면 준비가 어떻게 행운으로 연결되는지 알 수 있다.

그녀는 25세에 결혼했다. 27세에 아들을 낳고 29세에 딸을 낳았다. 둘째인 딸을 낳은 해에 산후우울증을 심하게 앓았다. 아파트 베란다에 서면 자꾸만 허공을 날고 싶었고 뛰어내리고 싶어 발가락이 간질거렸다. 어느 날 오후, 무심히 내다본 건너편 산중턱의 무덤 두 개를 본 순간 마음속에 울리는 소리가 있었다. '네가 이승에서 살다가 자연으로 돌아왔을 때 너는 어떤 삶을 살고 왔다고 말할 수 있겠니? 남편의 아내, 두 아이의 엄마. 그러면 장미정이라는 너는, 너의 이름은?'

순간적인 울림이었지만 흐릿하던 시야가 갑자기 밝아지면서 온몸에 전율이 일었다고 한다. '그래, 나를 찾자, 내 이름을 찾자'고 결심했다. 무엇을 할지, 어떤 것부터 시작해야 할지 막막하고 암담했지만 그녀는 무조건 밖으로 나왔다. 다니던 교회 목사 사모님의 권유로 교회에서 운영하는 상담 프로그램에 다니면서 상담 공부를 시작했다. 좀 더 체계적으로 상담 관련 공부를 할 수 있는 '카운슬러 아카데미'라는 곳을 소개받고 본격적으로 공부했다. 상담에 관한 공부를 하면서 차츰 안정을 찾아갔다. 장미정씨 자신도 신기했다.

미정씨는 자아실현에 대한 욕구가 강했다. 그런 그녀가 집에서 애 키우고 살림만 하면서 살자니 자신도 모르게 우울증이 온 것이었다. 상담 공부를 하면서 자신의 우울증을 객관적으로 바라보게 되었다. 지그문트 프로이트(Sigmund Freud)의 정신분석에서 칼 로저스(Carl Rogers) 인간중

심치료까지, 공부를 하면 할수록 흥미진진하고 신이 났다. 치유레크리에이션 과정도 들었다. 자아실현을 위한 공부를 하면서 치유까지 되니 일석이조였다. 실력이 부족했지만 자원봉사도 거의 매일 나갔다. YMCA에서 청소년상담, 노인상담, 주부상담 등의 봉사를 하면서 상담 실력도 저절로 늘었다.

1996년에 노동부에서 서울, 대구, 광주인력은행에서 근무할 직업상담원을 뽑는다고 공고가 났다. 미정 씨 기억으로는 ○○인력은행에서 채용할 인원이 직업상담원은 11명, 학사급 전임상담원 4명, 석사 이상 책임상담원 7명이었다고 한다. 정작 미정 씨는 이 채용공고를 보지 못했다. 카운슬러 아카데미의 상담실장님이 '장미정 씨에게 딱 맞는 일인 것 같다'면서 채용공고를 알려주어 부랴부랴 서류를 준비했단다. 원수 접수 마지막 날 서류를 제출했다.

원서를 내고 나서 이런저런 생각에 심란했다. 무엇보다도 두려움이 컸다. '애가 둘인데 할 수 있을까?' 싶었다. 하지만 면접 보러 가는 날 '내가 4남매를 누구 못지않게 잘 키운 것처럼 손자 손녀도 잘 키워 줄 테니 사회인으로 당당하게 살아라'며 두 손 맞잡아 주신 아버지의 격려가 큰 힘이 되었다고 한다. 합격 통보를 받은 후 일이 너무 하고 싶어서 리모델링 공사 중인 인력은행 공사 현장에 여러 번 가 보기도 했다.

미정 씨는 말한다. "기회의 여신은 뒷머리가 대머리라고 합니다. 기회의 여신이 왔을 때 앞머리는 풍성해서 낚아챌 수 있지만 스쳐 지나가 버리면 뒷머리는 대머리라 잡을 수가 없다고 해요. 저도 준비가 되어 있지 않았다면 기회가 온 것도 모르고 지나쳐 버렸을 텐데 준비를 했기 때문에 갑

작스럽게 찾아온 기회를 잡을 수가 있었어요." 그렇다. 준비했기에 가능했던 것이다.

입사해서는 열정적으로 일했다. 구직자들을 상담하고 취업시키는 일은 보람이 있었다. 취업한 구직자에게 감사 메시지를 여러 번 받았다. 행복하게 일했다. 일하면서도 좋아하는 일을 계속했다. 글이 쓰고 싶어서 '오마이뉴스', '국정브리핑'에 기고하고 라디오방송, TV 생방송으로 상담도 진행했다. 상담하는 사례를 그냥 놔두기 아까워 소설로 썼다. 1999년에 중편 소설로 등단했다. 또 상담 사례를 묶어서 『내 인생 쨍하고 해뜰 날』(2006, 미디어윌)을 출판했다. 고 노무현 대통령이 미정 씨의 글을 읽고 "글 잘 봤습니다. 희망이 보입니다. 저도 열심히 하겠습니다"라고 격려 메일을 보내 주신 적도 있다고 한다. 상담원으로 근무하던 미정 씨는 2007년에 고용노동부 상담직공무원이 되었고, 현재 고용센터에서 열정적으로 근무하고 있다.

'주부로 계속 살았다면 어땠을까?'라고 가끔씩 자문을 해 본다는 그녀는 무엇보다도 뿌듯하고 행복한 것은 지금도 '매일매일 자라는 나무처럼' 성장한다는 것이라고 한다. 장미정 씨는 생각은 하지만 실천을 못하고 있는 주부들에게 말한다. "생각은 짧게 행동은 길게 하라"고, "생각에 머물러 있지 말고 무조건 밖으로 나오라"고, "20년 전에는 지금처럼 도와줄 기관이 없었지만 두려움을 떨쳐 버리고 간절히 찾아보니 길이 보이더라"고.

취업을 준비하면서 가장 힘들었던 것이 두려움이었다는 그녀를 인터뷰하면서 '취업을 준비하는 경력단절여성들의 두려움을 완화해 주는 장치가 필요하겠구나'라는 생각이 들었다. 경력단절여성들은 취업하고 싶지만 방법을 몰라 두렵고, 이력서를 쓰는 것도, 면접을 보는 것도 낯설고 힘들게 느낄 수 있다. 무엇보다도 사회에 적응할 수 있을지 두려울 것이다. 그런 면에서 곳곳에 설치되어 있는 고용센터는 가뭄 끝에 단비 같은 곳이 될 수 있다. "무엇을 할까, 어떻게 할까 고민하고 있는 경력단절여성이 있다면 지금, 바로 집 문을 열고 나와 고용센터 문을 두드려라, 거기서부터 시작하라"고 그녀는 힘주어 말한다.

CHAPTER 5

전문가로 도약하기

전문가가 되면 좋은 점은 무엇일까? 두말할 필요도 없이 경쟁력이다. 경쟁력이 있다는 것은 다른 사람보다 우위에 선다는 말이다. 주부가 재취업을 할 때 경쟁력을 가지고 있으면 원하는 분야에 원하는 때에 취업하기가 훨씬 쉽다. 당연히 수입도 비전문가보다 많을 것이다.

전문가가 되려면 어떻게 해야 할까? 「네이버 국어사전」에 의하면 전문가는 어떤 분야를 연구하거나 그 일에 종사하여 그 분야에 상당한 지식과 경험을 가진 사람이다. 이 문장에 전문가가 되는 키워드가 들어 있다. '연구', '종사', '지식', '경험'. '연구'와 '지식'은 공부하라는 말이고, '종사'와 '경험'은 실제로 해 보라는 말이다.

고용노동부에서는 산업현장에서 최고 수준의 숙련 기술을 보유한 전문가에게 '대한민국 명장'이라는 칭호를 부여한다. 이들은 한 분야에서 15년 이상 일하면서 연구하고 지식과 경험을 쌓은 사람들이다.

김규환 명장은 대우중공업에 사환으로 입사해 마당 쓸고 풀 뽑으며 회사생활을 시작했다. 일하면서 대학을 졸업하고 5개 국어를 익히고 초정밀가공 분야 명장이 되었다.

사환으로 입사한 그가 어떻게 명장이 되고 5개 국어를 구사할 수 있게 되었을까? 비결은 끊임없이 공부하고 경험으로 실력을 쌓은 데 있다. 하루 3시간만 잠을 자고 버티며 일하고 공부했다. 궁금한 것은 연구하고 알아내는 과정을 반복하다 보니 지식과 경험이 쌓여 전문가가 되었다. 외국어는 5개국 '기초 생활 회화' 책을 사서 하루에 한 문장씩 외웠다. 집 천장, 벽, 옷장, 식탁, 화장실, 대문 앞, 기계 앞, 공구함 등 가는 곳마다 붙이고 외웠다. 1년이 지나자 현장을 방문하는 외국인에게 통역 없이 설명할 수 있었다고 한다. 하루에 한 문장을 외우는 것은 쉽다. 하지만 그것을 꾸준히 해내는 것은 쉬운 일이 아니다. 꾸준히 실천하는 것이 비결이다.

그도 처음부터 전문가였던 것은 아니다. 자격증 시험에 너무 많이 떨어져서 사람들이 '새대가리'라고 비웃기도 했단다. 기계가공기능사 시험에 아홉 번 낙방, 1급 국가기술자격에 여섯 번 낙방, 심지어 2종 보통운전면허 학과시험에도 다섯 번을 떨어지고 1종으로 바꾸어 다섯 번 만에 합격했을 정도이다. 하지만 지금은 대한민국 명장이다. 그 비결은 '목숨 걸고 노력하면 안 되는 것이 없다'는 생활신조로 남들보다 치열하게 노력했기 때문이다.[16]

전문가를 다르게 표현하면 고수라고 할 수 있다. 『일생에 한번은 고수

---

16) 『어머니, 저는 해냈어요』, 김규환, 김영사.

를 만나라』에서는 고수가 되는 길을 이렇게 말하고 있다.

고수가 되기 위해서는 밥그릇을 걸어야 한다. 하는 일에 올인해야 한다. 이 일에서 실패하면 밥을 굶을 수도 있다는 절실함이 있어야 한다. 여러분은 어떤가? 안정된 직장에서 별다른 고민 없이 하루하루를 지내는가? 그러면 고수가 되기 어렵다. 생계에 위협을 느끼는가? 하루하루 절실하게 일하는가? 지금은 힘들어도 조만간 고수가 될 확률이 높다.17)

절실한 마음으로 모든 노력을 쏟아부어야 고수의 반열에 오를 수 있다. 하루하루를 대충 살아서는 고수가 될 수 없다. 전문가가 되기 위해서는 최고가 되겠다는 마음으로 해야 한다. 생각이 사람을 바꾼다. 최고가 되겠다고 마음먹고 하는 사람과 아닌 사람은 모든 것이 차이 난다. 배우는 태도가 다를 것이고 지식을 자기 것으로 만드는 것도 다를 것이다. 그 작은 차이가 하루, 이틀, 1년, 2년이 쌓이면 엄청난 실력의 차이로 나타난다.

처음부터 우리나라 최고가 되겠다는 것이 거창해서 마음먹기가 어려우면 작게 목표를 잡는 것도 좋다. 미용을 배운다고 하면 학원 수강생 중에 최고가 되겠다고 결심하는 것이다. 학원에서 최고가 되고 그 지역에서 최고가 되기로 목표를 정하자. 작은 목표를 하나씩 달성해 나가면 그것들이 축적되어 성과를 나타낸다. 한 단계 한 단계 실력을 쌓고 나아가면 전문가가 될 수 있다.

---

17) 『일생에 한번은 고수를 만나라』, 한근태, 미래의창, p.21.

나의 단골 미용실은 집에서 1시간 거리에 있다. 40대 초반의 미용실 원장을 처음 만났을 때 그녀는 패션 감각이 좋은 30대였다. 젊은 나이에 이미 상가 건물을 가지고 있어서 물려받은 재산이 많은가 싶었다. 알고 보니 그저 얻은 게 아니었다. 실력을 쌓기 위해 남다른 노력을 하고 치열하게 일했다. 미용자격증을 취득하고 나서 대구 중심가의 유명 미용실에서 일을 배웠는데 초보라고 설움을 많이 받았단다. "그래 오냐, 내가 기술을 익혀서 본때를 보여 주마"라는 오기로 매일 혼자 남아 밤늦게까지 연습을 했다. 커트, 염색, 퍼머 연습을 수없이 했다.

패션 감각이 좋으면 고객이 더 좋아할 것 같아 옷 입는 법도 따로 익혔다. 패션 잡지를 구독하고 심지어는 쉬는 날 옷가게에서 몇 달간 아르바이트까지 했다. 나중에는 손님들에게 옷 입는 법까지 조언을 해 주었다. 노력한 만큼 미용 기술이 발전했다. 염색 연습을 수없이 하다 보니 자연스럽고 예쁜 색깔을 내는 실력이 탁월해졌다. 그녀를 찾는 단골손님도 많아졌고 그렇게 실력을 쌓아서 독립했다. 실력과 경쟁력이 있으니 현장에서 살아남는 전문가가 된 것이다. 함께 일하는 친언니는 "원장이 일을 할 때는 정말 지독하다. 남들보다 잘하기 위해 노력하는 점이 동생이지만 존경스럽다"고 말한다.

나는 2015년부터 2017년 초까지 세종정부종합청사에 있는 고용노동부 본부에서 근무했다. 단발머리를 하고 지내다가 2017년 초에 짧게 커트를 하고 출근했다. 서울 강남에 사는 여성 국장님이 보시더니 "머리 어디서 하셨어요? 서울에서 했어요?"라고 물으셨다. "대구에 있는 단골 미용실에서 했습니다" 했더니 "어머! 대구에도 머리를 이렇게 잘하는 집이 있네요?" 하셨다. 기분이 좋았다. 나의 헤어스타일을 예쁘다고 한 것보다 원장의 실력을 인정받은 것 같아서였다. 그날 저녁 원장에게 전화를 해서 이야기해 주었다. 그녀도 뿌듯했으리라.

전문가가 되려면 목표를 정하고 꾸준히 해야 한다. 목표는 잘게 쪼개서 하루에 할 수 있는 것으로 나누면 실행하기가 쉽다. 독서를 예로 들어 보자. 무작정 '책을 많이 읽기'로 정하면 실천하기가 어렵다. '1년에 100권 읽기'로 정하면 좀 더 구체적이다. 1년이 52주이므로 1주일에 2권 정도 읽으면 된다. 대충 200쪽 정도의 책이라면 하루에 80쪽 내외를 읽으면 1주일에 2권을 읽을 수 있다. 개인의 책 읽는 속도에 따라 조절해서 하루에 일정 시간을 책 읽기에 쓰면 된다. 실제로 내가 처음 1년 100권 읽기에 도전했을 때 사용했던 방법이다. 탁상 다이어리에 매 주마다 읽어야 하는 책의 누계 목표를 적고, 읽은 책을 그 옆에 적어 가며 책을 읽었다. 목표인 1주 2권을 못 읽겠다 싶으면 친구들, 회사 직원들과 모임 약속을 하지 않고 책을 읽었다. 주말에 집중해서 더 많이 읽으며 목표를 관리하다 보니 1년 100권 읽기를 달성할 수 있었다.

전문가는 실력이 있어야 한다. 실력은 그저 생기지 않는다. 많이 알고 많이 해 봐야 실력이 쌓인다. 앞서 말한 김규환 명장도, 미용실 원장도 많은 경험과 연습으로 실력이 쌓였기에 전문가가 될 수 있었다. 물은 99℃에서는 끓지 않는다. 100℃가 될 때까지 열을 가해야 끓듯 전문가가 되려면 일정 시점까지 지식과 경험을 쌓아야 한다. 많은 양을 축적하면 실력 향상은 따라온다. 처음부터 잘하는 사람은 없다. 계속 경험을 쌓으면서 발전한다.

앞에서 소개한 말콤 글래드웰의 『아웃라이어』에서 성공 비결 중 하나로 들고 있는 '1만 시간의 법칙'은 어떤 분야에 전문가가 되려면 1만 시간을 투자해야 한다는 것이다. 하루 3시간을 매일, 10년 동안 투자하면 대략 1만 시간이 된다. 이 책에는 지금은 전설에 가까운 비틀스(The Beatles)의 사례가 나온다. 비틀스도 처음에는 평범한 고등학교 밴드 수준에 불과했다고 한다. 1960년에 독일의 함부르크에 있는 클럽에서 밤 새워 연주하게 되면서 실력이 늘었다는 것이다. 비틀스가 연주한 시간은 1,200시간 정도 되는데 수많은 밴드 중 그만큼 연주한 밴드는 없다고 한다. [18]

『아웃라이어』에 실린 존 레논의 인터뷰를 살펴보자.

"우리의 연주 실력은 점점 좋아졌고 자신감을 얻었습니다. 날이면 날마다 밤새도록 연주를 했으니 그럴 수밖에 없었죠. (중략) 함부르크에서는 여덟 시간씩 연주할 수 있었기 때문에 여러 가지 곡들과 새로운 연주 방법을 시도할 수밖에 없었습니다."[19]

비틀스가 평범했다니 믿기지 않는다. 평범한 비틀스가 타의 추종을 불허하는 전설적인 밴드가 될 수 있었던 것은 엄청난 연습의 결과가 아닐까? 연습은 완벽을 낳는다. 이렇게도 해 보고 저렇게도 해 봐야 한다. 실수를 두려워하지 말자. 실수가 경험이 되고 경험이 실력이 된다. 자신이 하고 싶은 일에 치열하게 매달리자. 포기하지 말고 꾸준히 해 나가면 어느 순간 실력이 쌓인 자신을 발견하게 될 것이다.

---

18) 『아웃라이어』, 말콤 글래드웰, 김영사.
19) 『아웃라이어』, 말콤 글래드웰, 김영사, p.67.

PART 3

누구나 준비하면 가능하다

CHAPTER 1

40대에 시작해도 충분하다

시작에 늦은 때는 없다. 인간의 수명은 계속 늘어나서 100세 시대를 맞이하고 있다. 통계청 자료에 따르면 2014년 기준 우리나라 평균수명은 82세다. 지금 40세라면 앞으로 40년을 더 산다. 40세에 시작해서 20년 일해도 60세밖에 안 된다. 요즘은 70세에도 일하는 사람들이 많다.

나의 시어머니는 77세다. 애들이 어릴 때 가끔씩 우리 집에 오셔서 한 달쯤 지내시면서 살림도 해 주시고 애들 건사도 해 주셨다. 70대 초반인 몇 년 전의 일이다. 우리 집에 오셨을 때 낮에는 혼자 심심하다고 하셔서 아파트 안에 있는 경로당에 가 보시라고 했다. 어머니는 손을 내저으셨다. "하도 심심해서 경로당에 가 봤더니 내가 제일 막내더라. 심부름만 도맡아서 해야 되고 또래도 별로 없고 못가겠더라"고 하셨다. 내가 어릴 때만 해도 60대면 노인이고 할아버지, 할머니로 여겼다. 탈 없이 60세를 맞았다고 환갑잔치를 했지 않은가? 요즘은 환갑잔치를 하는 사람은 찾아보기 힘들다. 지금은 60세를 할머니라고 부르기도 미안할 정도로 젊고 활력이 넘친다.

어느 신문 칼럼에서 읽은 것이 기억난다. 칼럼을 쓴 사람의 은사였던 교수가 60세에 정년퇴직을 했는데 80세에 만났더니 이렇게 말씀하셨다고 한다. "내가 60세에 퇴직할 때만 해도 나이가 너무 많다고 생각했다. 무엇을 시작하기에는 늦은 나이라고 생각하고 그냥 지냈다. 그런데 지금 80세에 이르고 보니 지나간 20년이 너무 아깝다. 나처럼 살지 말라." 대략 이런 내용이었다. 옛말에 10년이면 강산이 변한다고 했다. 20년이면 강산이 두 번 변하고도 남을 시기이다. 요즘같이 변화 속도가 빠른 때에는 강산이 몇 번 바뀌었을까. 그런 시간을 허비하고 살았다는 걸 깨달았을 때 얼마나 허무하겠는가.

수명이 길어지면 그만큼 생활비도 많이 필요하다. 60세에 은퇴해서 아무것도 안 하고 80세까지 생활할 만큼 노후 준비가 잘 된 사람은 복 받은 사람이다. 그러나 이런 복을 가진 사람은 드물다. 노후 생활을 완벽하게 준비해 놓은 사람은 별로 없다. 그러니 나이가 들어서도 경제활동이 필요하다. 준비 안 된 노후는 재앙이라는 말까지 있지 않은가? 40세에 시작해도 늦지 않다. 80세까지 산다면 40세라 해도 앞으로 살날이 40년이나 남지 않았나!

2015년에 개봉한 영화 『인턴』은 은퇴한 노인이 인턴으로 일하면서 겪는 에피소드를 따뜻하게 풀어 간 영화이다. 대기업의 부사장으로 은퇴한 70세의 벤 휘태거는 젊은 여성 CEO 줄스 오스틴의 회사에서 인턴으로 일하게 된다. 벤은 40년간의 대기업 근무 경력과 인생의 경험을 살려서 줄스 오스틴을 포함한 회사의 직원들에게 업무적으로 정신적으로 도움을 준다. 벤 휘태거는 경제적으로 충분히 여유가 있음에도 일을 하려고 한다. 생계의 수단이 아니라 일을 통해 행복을 추구하는 것 같았다.

2017년 2월 어느 날 고용노동부에서 근무하다 은퇴하신 과장님을 만났다. 은퇴하신 지 2년 6개월 정도 지났는데 그동안은 고정적인 일은 하지 않고 여가를 즐기면서 지내셨다. 해외여행 다니고, 등산도 하고 텃밭도 가꾸면서 여가를 즐기셨다. SNS에 올라오는 사진을 보면 은퇴 후 삶을 멋지게 즐기고 계시구나 싶어 부러웠다. 그런데 2017년 초부터 계약직으로 다시 일을 시작하셨다. 2년 6개월을 일 없이 지내니 뭔가 불안하더라고 하셨다. 연금이 나오긴 하지만 노후가 불안한 마음이 들기도 했다. 외출하지 않는 날은 늦게 일어나 하루 종일 하는 일 없이 시간을 보내니 생활습관이 느슨해져서 안 되겠다 싶은 마음이 들었단다. 그래서 다시 취업을 했다. 은퇴 이전의 과장 직위는 생각지도 않고 직위에 연연하지 않고 일을 찾았다. 고정적으로 출퇴근하는 일이 다시 생기니 생활에 긴장감도 돌아오고, 근무하는 동안은 시간이 어떻게 가는지 모르겠다고 하셨다. 마음도 든든하고 생활에 활력이 생기는 것 같다고 하셨다. 여가생활도 긴장감 있는 직장생활 속에서 즐기는 것이 꿀맛임을 깨달으셨다고 한다.

나이는 숫자에 불과한 시대다. 나이에 상관없이 새로운 도전을 하는 사람들을 보라. 2015년에 환갑을 앞둔 가수 인순이가 보디빌딩대회에 나갔다는 인터넷 신문 기사를 보았다. 4개월간의 노력으로 '퍼포먼스 부문 2

위'에 입상했다는 기사였다.[20] 60을 바라보는 나이에 보디빌딩에 도전했다는 것이 신선한 충격이었다. 호기심에 자료 검색을 더 해 보았다. '온 스타일 더 바디쇼 선공개 영상' 관련 기사에 나오는 인순이의 이야기를 들어보자.

> 메르스 때문에 전국 투어 콘서트가 다 취소돼 버린 거예요. 어느 순간 내가 보니까 소파에 앉아서 리모컨만 움직이고 있는 거예요. 이래서는 안 되겠다. 일어나서 뭘 해야겠는데…. 내가 나랑 한번 싸워 봐야겠다. 그러고는 시작을 했죠. 대회하기 이틀쯤 전 신문에 났어요. 사람들이 어떻게 생각할까 두려웠어요. 즐기자(라고 생각했어요).[21]

새로운 시도는 누구나 두려운 법이다. 가수 인순이도 사람들이 어떻게 생각할까 두려웠지만 대회를 즐기기로 마음먹고 두려움을 극복했다. 나이를 잊은 가수 인순이의 보디빌딩, 멋지지 않은가?

캐나다 출신의 메이 머스크(Maye Musk)는 69세의 나이에도 왕성한 모델 활동을 하고 있다. 메이 머스크는 미국의 전기차 업체 테슬라의 CEO인 일론 머스크(Elon Musk)의 어머니이다. 일론 머스크는 영화『아이언 맨』의 주인공 토니 스타크의 실제 모델로도 유명하다. 메이 머스크는 결혼하

---

20) 환갑 앞둔 인순이, 보디빌더 대회 '퍼포먼스 2위 수상', SBS CNBC, 2015.9.21. http://sbscnbc.sbs.co.kr/read.jsp?pmArticleId=10000758766, 2018.2.1. 조회
21) TVING NEW24, [더 바디쇼2 선공개 영상] '보디빌딩 2위' 인순이, 살뺀 비법, "이효리와 같은 사이즈", 2015. 10. 23. http://enews24.tving.com/news/article.asp?nsID=910225, 2018.2.1. 조회

고 3남매를 낳은 후 이혼했다. 자녀를 키우기 위해서 일을 시작했고 현재는 영양학자이자 패션모델로 활동하고 있다. 막대한 재산을 가진 아들이 있음에도 메이는 여전히 일을 하고 있다. '일론을 가르친 비법'에 대해서는 "단지 열심히 사는 엄마의 삶을 보여 줬을 뿐"이라고 한다.22)

자식에게 인생을 사는 방법을 구구절절 말하는 것은 잔소리에 불과하다는 것이다. 잔소리하는 대신 부지런한 부모의 모습을 보여 주는 것이 더 교육적이라고 말한다. 나이가 들어도 젊은 사람 못지않게 일하는 모습이 당당하고 아름답다.

50대에 꿈을 이룬 정희숙 씨의 이야기를 들어 보자. 고용노동부의 취업성공패키지 우수사례로 선정된 이야기다.23)

정희숙 씨는 늘 꿈꾸어 오던 플로리스트의 꿈을 56세에 이루었다. 꿈을 이루기까지 그녀의 삶은 녹록지 않았다. 26세에 부산 남자와 결혼했지만 시어머니의 심한 언어폭력 때문에 몸이 미라처럼 말라 갔다. 이를 보던 남편이 희숙 씨를 위해 분가를 결정했고 사글세방을 얻어 나왔다. 1년 후에는 13평 주공아파트를 마련했다.

그러나 그 행복도 잠시뿐이었다. 사업을 하는 시동생이 시어머니 몰래 집을 저당 잡혔는데 부도를 내서 집이 날아가 버렸다. 시어머니와 다시 함

---

22) 올해의 어머니-괴짜를 억만장자로 키운 메이머스크, 수퍼리치, 2015.12.30, http://superich.heraldcorp.com/view.php?ud=20151230000178&sec=01-74-03, 2018.2.2, 조회

23) 『2015 취업성공패키지 사례집』, 고용노동부, pp.108~115.

께 살게 되었다. 시동생이 남편에게 매달려 희숙 씨의 집까지 잡혀서 대출을 내줬다. 결국 집은 날아가고 남편마저 실직했다. 희숙 씨는 정신적으로 육체적으로 힘든 날들을 보내다 위암 판정을 받고 2002년에 위 전체를 잘라 내고 소장과 연결하는 수술을 받았다. 집에서 요양을 했는데 2009년에는 유방암으로 오른쪽 가슴을 도려내는 수술까지 받았다.

5년 투병 생활 끝에 시어머니와 남편으로부터 독립하고 싶어졌다. 독립하려면 어떻게 해야 할까 고민스러웠다. 그러던 차에 친척이 꽃카페를 개업했다는 말에 '이거다' 싶었다. 꽃꽂이 레슨을 한다기에 배우러 갔다. 꽃이 '참 잘 왔다'고 반겨 주는 것 같아 속으로 한참을 울었다.

하지만 강습비가 문제였다. '중년에 뒤늦게 하고 싶은 것이 생겼는데, 꿈이 생겼는데 돈 때문에 접어야 하다니' 너무 속이 상했다. 마침 친척이 고용센터에 가면 지원을 해 준다고 알려줬다. 해당 지역의 고용센터를 방문해서 상담을 하고 취업성공패키지에 참여하게 되었다. 워크넷의 직업선호도 검사를 실시했는데 플로리스트가 적성에 맞는다고 나왔다. 절차에 따라 프로그램을 이수하고 플로리스트 과정을 배우기 위해 '내일배움카드'를 발급받았다. 자신을 위해 주어진 지원금에 가슴이 벅차 화장실 들어가 혼자 울었다.

지방에는 플로리스트 창업반이 없어서 서울까지 오가며 3개월 동안 수강했다. 오전 8시에 기차를 타고 학원에 다녀오면 오후 6시가 되었다. 통증과 고통으로 시달려야 했지만 신기하게도 희망이 생겼고 그 덕에 아침이면 다시 준비할 힘이 솟았다.

학원에서 만든 꽃을 집에 가져와서 풀었다가 만들기를 새벽까지 반복했다. 학원 수업이 없는 날은 들판의 꽃으로 색의 조화와 자연스러움을 익혔다. 인터넷을 검색해서 유명한 작품을 따라 하기도 하고, 전시회와 꽃박람회도 찾아 다녔다.

창업반을 마치고 화훼장식기능사 과정을 3개월간 추가로 수강했다. 마침내 '화훼장식 국가시험'에 합격하고 창업했다. 블로그, 카카오스토리, 페이스북에 글을 올려 홍보했다. 개업 후 5개월이 되자 지인과 블로그를 통해 주문이 들어오기 시작했다. 첫 장사를 시작한 날인 어버이날에는 주문 받은 물량을 해결하느라 밥도 못 먹고 일했다. 몸은 고단했지만 기쁘기만 했다.

꿈꾸던 플로리스트가 되고, 이제는 두 번째 꿈을 준비하고 있다. 3층짜리 예쁜 건물을 지어 2~3층은 세를 주고 1층에선 꽃카페와 레슨을 하는 것이 꿈이다. 할 줄 아는 것도 없고, 배우지도 못하고 무조건 참고 살아야 해서 상실감이 컸던 자신이 전문가가 되었다는 게 믿어지지 않는다. 갈 길이 멀긴 하지만 두 번째의 꿈도 이룰 수 있을 거라고 믿는다.

40대, 50대에 무엇을 새로 시작하는 것이 쉬운 일은 아니다. 특히 가정의 울타리 안에서만 지내던 사람이 사회로 나오려면 두렵기도 할 것이다. 그러나 마음먹기 달렸다. 시작이 없으면 결과도 없다. 시작은 새로운 출발을 의미한다. 새로운 삶을 살기에 늦은 나이는 없다.

CHAPTER 2

100세 시대, 황금기는 60대

수명이 길어지면서 생활 패턴도 많이 변했다. 예전에는 60세에 정년퇴직을 하면 제2의 직업을 가진다는 것은 생각도 하지 않았다. 자식들 결혼시키고 손자손녀 보면서 노후를 보냈다. 70세 정도까지 사시면 그런가 보다 했지만 최근에는 70대에 사망하면 '아깝다'는 반응이 많다. 요즘에는 60세 정년퇴직 후에도 경제활동을 하는 사람이 많다. 60세면 신체적으로나 정신적으로 젊다. 자녀도 다 출가시켜 시간적으로도 여유가 있다. 여행이나 취미생활을 하면서 경제적으로도 풍족하게 보내고 싶어 한다. 문제는 경제적 여유가 있느냐이다. 경제력은 젊어서도 생활수준을 나누지만 노년에는 더욱 양극화가 심하다. 빈익빈부익부가 노년에까지 영향을 미친다.

몇 해 전 직장 후배에게 들은 얘기다. 후배의 아버님은 60세가 넘으셨는데 아직도 참외 농사를 짓고 계신다. 젊은 시절에는 친구들과 모이면 좋은 회사 다니는 친구들에 비해 농사짓는 것이 보잘것없어 보이셨다고 한다.

양복 입고 매월 꼬박꼬박 월급 주는 회사에 출근하는 친구가 부럽기도 했다. 그런데 60세가 넘어가니 사정이 달라졌다. 친구들은 직장에서 이미 은퇴했고 오라는 데도 없고 갈 데도 없어 심심하게 지내는데 후배의 아버님은 여전히 참외 농사를 왕성하게 짓고 계시다. 그간의 경험이 쌓여 자신만의 농사 비법을 터득하셨기에 작물 관리도 잘하신다. 한 해 소득이 자식들보다 많다고 한다. 친구들과의 모임에 나가면 직업이 있는 후배 아버님이 한턱내신다. 할 일이 있고 수입도 있으니 친구들이 오히려 부러워한다.

며칠 전에 지인들끼리 모임을 가졌다. 결혼한 여자들이 모이면 자식 얘기, 부모님 얘기들이 오가기 마련이다. 한 명이 어머니가 혼자서 생활하고 계시다는 얘기를 했다. 연세를 물어보니 80세라고 했다. 모임에 있던 세 명이 이구동성으로 "아직 젊으시네" 하고는 서로 웃었다. 옛날 같으면 80세가 젊다는 얘기는 생각도 못할 일인데 '젊다'니. 세상이 이렇게 바뀌었나 보다.

요즘의 60대, 70대 분들은 낀 세대다. 모두가 어려운 시절을 지내왔다. 시부모님 부양하고 자식들 키우느라 고생하셨다. 막상 자식들 독립시켜 놓고 자신의 삶을 즐기려니 경제적인 문제가 걸린다. 노후 준비를 제대로 해 놓지 못해 즐기고 싶어도 즐길 수가 없다면 불행한 일이다. 풍요로운 60대를 위해 미리 준비해야 한다. 40세, 50세에 시작해도 늦지 않다. 나이에 연연하지 말고 도전하자.

올해 68세인 서수련 씨는 40세 때 늦깎이 대학생이 됐다. 전업주부로 가족 뒷바라지만 했던 수련 씨는 지인의 권유로 공부를 시작하게 되었다. 늦은 나이에 시작한 공부가 쉽지는 않았지만 신학대학의 사회복지학과에 입학해 박사 학위까지 받았다.

"어린 친구들과 대학생활을 같이 하다 보니 드라마에나 나올 만한 해프닝도 많았다"고 한다. 만학도로 늦게 시작한 대학공부였지만 첫 중간고사에서 과 수석을 차지할 만큼 충실하게 해냈다. 입학 성적은 좋지 않았지만 한눈팔지 않고 학업에 몰두한 덕에 성적이 좋았다고 한다. 서 씨는 박사과정을 마치고 서울시립노인복지관에서 일했다. 이후 실무 경험을 바탕으로 대학 강단에도 섰다. 70세를 바라보는 나이에 다시 서울여자대학교에서 가족상담학 석사과정을 밟고 있다. "늦게 시작한 공부가 상상도 못했던 노후를 선물했어요. 공부를 시작할 때만 해도 제2의 인생이 펼쳐질 것이라고는 생각도 못했습니다. 마흔 살은 결코 늦은 나이가 아닙니다"라고 한다.[24]

무료하게 살면 빨리 늙는다. 퇴직하고 갑자기 늙는 사람이 많은 이유다. 취미든, 일이든 목표가 있고 할 일이 있으면 활기차다. 활동성도 좋고 아직 충분히 경제활동을 할 수 있을 나이인데 일거리가 없으면 무료하다. 연세 드신 분들의 말씀이 "노는 것도 하루 이틀이지 아무것도 안 하고 매일 노는 것은 노는 게 아니라 고역이다"라고 하신다. 휴일이나 휴가도 바쁜 와중에 즐겨야 꿀맛처럼 달콤하다. 퇴직한 사람들이 많이 하는 말 중

---

[24] 이데일리, 육십에 일하고 칠십엔 배우고…100세 계획 마흔부터 짜라고 전해라, 2016.2.4. 005면 종합

하나가 "월급은 상관없이 매일 일하러 갈 데만 있으면 좋겠다"이다. 그만큼 하는 일 없이 시간 보내는 것이 힘들다는 말이다.

올해 98세를 맞은 김형석 연세대학교 명예교수는 저서『백년을 살아보니』에서 인생의 황금기는 60세에서 75세라고 했다. 김형석 교수는 오래 산다고 무조건 좋은 것이 아니라 신체적, 정신적 균형을 이루어야 함을 강조했다. 노년기를 보통 65세부터라고 말하는데 김형석 교수는 그런 생각을 일찌감치 버렸다고 한다. 사람은 성장하는 동안은 늙지 않고 노력하는 사람은 75세까지 정신적으로 성장이 가능하다고 한다. 50세에서 80세까지는 단절되지 않는 한 기간으로 생각하고 삶의 조각품을 완성한다는 생각으로 살 것을 당부한다. 준비하고 계획하고 신념과 용기를 갖고 제2의 마라톤을 달리는 각오로 재출발해야 한다고 강조한다.[25]

'인생은 60부터'라는 말이 진정으로 빛을 발하는 시대가 되었다. 60이 인생의 황금기라면 우리는 60을 어떻게 준비해야 할까? 황금처럼 찬란하고 풍요로운 60대는 그냥 주어지는 것이 아니다. 40부터, 50부터 꾸준한 노력이 있을 때 60대가 빛날 수 있다. 60 이후에도 꾸준히 활동할 수 있는 전문 분야를 키우자. 정신적으로 풍요롭고 경제적으로 안정된 60대를 위해 준비하자.

---

25)『백년을 살아보니』, 김형석, Denstory, pp.233~238.

CHAPTER 3

인생의 황금기를 준비하라

최근 '생애경력개발'이라는 개념이 각광을 받고 있다. 경력개발이 전 생애적 관점에서 이루어질 필요가 있음을 시사하는 말이다. 생애경력개발이 왜 중요해진 것일까?

첫째는 앞에서도 몇 번 언급했지만 수명이 길어지면서 경제활동을 해야 하는, 할 수 있는 기간이 길어졌기 때문이다. 그렇기 때문에 임시방편의 일이나 직업보다 길게 보고 일을 할 수 있는 직업을 선택하는 것이 중요하다. 또한 사람의 생애주기에 맞추어 경력을 개발하고 진로를 선택할 수 있게 하는 정책 지원이 필요한 시대가 되었다.

둘째는 사람들이 삶의 질에 대해 고민하고 우선시하기 시작했기 때문이다. 예전에는 경제생활이 팍팍하고 어려워 먹고 사는 데 바빴다. 생계를 해결하는 것이 우선이었다. 적게 벌어도 좋아하는 일 하며 살자고 생각하는 사람은 찾아보기 힘들었다. 그런데 이제는 흐름이 좀 바뀐 듯하다.

좋아하는 일을 하면서 살고 싶다는 사람들이 늘어나고 있다. 특히 청년층에서 이런 경향이 더 뚜렷해지고 있다.

똑같은 시간을 일해도 좋아하는 일을 하는 시간이 더 즐겁고 행복하다면 일생의 관점에서 자신의 경력개발을 고민하고 설계한다는 것은 매우 중요하다. 특히 수명이 길어져 경제활동 기간이 길어진 현대에는 더더욱 그렇다. 자신이 하고 싶은 일을 찾아 하루하루 열심히 살아간 사람은 그렇지 않은 사람보다 노후가 풍요로울 것이다. 살아가는 삶의 순간순간들이 열정과 행복으로 채워질 가능성도 훨씬 높다.

앞서 100세 시대에 인생의 황금기는 60대라고 했다. 하지만 개인마다 인생의 황금기는 다를 수 있다. 어떤 이에게는 빛나는 외모를 가졌던 20대가 인생의 황금기일 것이고, 어떤 이는 회사에서 잘나가던 30대가 인생의 황금기일 것이고, 어떤 이는 경제적으로 안정기에 접어든 50대가 인생의 황금기일 수도 있다.

하지만 우리는 왜 매 순간을 인생의 황금기처럼 살면 안 되는 것일까? 어느 순간을 인생의 황금기라고 정할 필요는 없다. 살아가는 매 순간들을 열정과 즐거움, 보람으로 채우면서 살아간다면 그 순간들 모두가 인생의 황금기라고 할 수 있지 않을까?

얼마 전, 62세의 나이에 제조업 분야 경영고문으로 일하는 분을 알게 되었는데 그분의 이력이 참으로 다양했다. 공무원, 공기업 관리직, 요양병원간부, 네팔에서의 해외자원봉사, 제조업 경영고문 등 다양한 분야를 거치면서 언제나 열정을 갖고 일을 하셨다. 일에서 인정받고 능력이 있으니 이직을 하는 것도 수월했다. 경험이 풍부했기에 일을 도와달라며 먼저 요청이 오는 경우가 많아 여러 번의 이직에도 불구하고 실직 기간이 길지 않았다. 그분은 62세의 나이에도 다음의 진로를 계획하고 계셨다. 느긋하고 여유로운 삶을 추구하는 자신의 인생 모토에 맞게 페루에 갈까 생각하고 있다. 해외자원봉사기구를 통해서 나가도 좋고 자신만의 힘으로 나가도 좋다고 하셨다.

이분의 이야기를 들으며 희망을 보았다. 여유로움을 느꼈다. 나이 든다는 것이 나쁜 것만이 아니라 경험을 살려 더 많은 일을 하는 데 이점이 된다는 걸 알 수 있었다. 주변의 같은 60대 분들에 비해 얼마나 열정이 넘치는 삶을 살고 계신지. 노년의 외로움, 경제적 어려움 같은 단어들은 떠오르지 않았다. 아직도 즐거움을 추구하고 계시는 모습이 행복하고 편안해 보였다. 이분의 인생에서 황금기는 언제였을까? 20대, 30대, 40대, 50대. 모든 순간들을 인생의 황금기로 살아오지 않았을까? 그렇게 맞이한 60대 또한 인생의 황금기가 될 수 있을 것이다.

내 인생의 황금기는 어떻게 준비해야 할까? 언제 준비해야 할까? 우리가 사는 매 순간이 우리 인생의 황금기가 될 수 있다. 그 시기를 어떻게 보내는지에 따라 황금기가 될 수도 있고 아닐 수도 있다. 매 순간 삶을 대하는 태도가 인생의 황금기를 만든다. 지금 이 순간을 충실하고 즐겁게 보낸다면 지금이 바로 인생의 황금기가 된다. 그런 작은 나날들이 모여 더 큰 인생의 황금기가 준비되는 것이다. 내 인생의 황금기를 위해 생애경력개발을 한번 고민해 보길 바란다.

CHAPTER 4

버려야 할 것들

다이어트를 해 본 적이 있는가? 다이어트에 성공한 경험은? 살을 빼고 난 뒤 그 상태를 유지하고 있는가? 온 국민이 다이어트 열풍에 휩싸여 있다. 나도 다이어트를 한다. 굶어서 살을 빼는 다이어트가 아니라 건강하게 살기 위해 다이어트를 하고 운동을 한다.

나는 2012년경에 살을 찌우려고 일부러 많이 먹은 적이 있었다. 항상 피곤하고 힘이 없어서 살이 찌면 좀 나을까 싶어서였다. 몸집을 불리니 체력이 좀 올라가기는 했지만 피곤이 가시지는 않았다. 그런데 어느 날 길을 가다가 상가 유리창에 비친 내 모습을 보고 깜짝 놀랐다. 웬 펑퍼짐한 중년 아줌마가 거기 있었다. '왜 이렇게 살아야 해? 기왕이면 건강하고 보기 좋게 살자'고 마음먹고 2013년에 운동을 시작했다. 마침 집 근처 헬스장에서 퍼스널 트레이닝을 약간 변형해서 저렴한 가격으로 운영하고 있어서 상담을 했다.

"얼마나 감량하고 싶으세요?" 트레이너의 물음에 "살은 많이 안 빼도 되고요. 체력을 좀 키우고 싶은데요" 했더니 트레이너가 목표 체중을 적어 보라고 했다. 당시 내 몸무게에서 2kg을 감량 목표로 잡았다. "에계? 겨우 2kg이에요? 이건 첫 주에만 해도 달성하겠네요. 그러지 말고 더 높게 잡아 보세요" 하더니 5kg 감량을 목표로 정해 주었다.

트레이너 말대로 운동을 시작한 첫 주에 3kg을 감량했다. 빼고 찌우고 운동하기를 반복했다. 식단을 따라 하기는 정말 어려워서 나중에는 지키지 않았다. 식단을 엄격히 지키니 없던 식탐이 생겨서 더 괴로웠다. 먹고 싶을 땐 먹으면서 몸에 좋은 것을 가려 먹으려고 노력하는 수준으로만 했다. 트레이닝을 5개월 정도 받았고 몸무게는 3kg 정도 감량했다. 몸무게는 크게 줄지 않았지만 군살이 빠지고 체력이 좋아져서 결과에는 만족했다.

트레이닝을 받으면서 얻은 교훈은 세 가지이다. 첫째, 다이어트는 생활습관이라는 사실과 둘째, 다이어트는 건강관리 차원에서 평생 해야 하는 것이고 셋째, 다이어트 목표는 본인이 설정해야 한다는 것이다.

내가 생각하는 다이어트는 단순히 굶어서 살을 빼는 것이 아니라 운동을 함께하는 건강한 체중 감량이다. 먹는 것 조절은 필수이지만 운동 없이 살만 빼면 몸이 허약해지고 조금만 먹어도 금방 다시 살이 찌기 때문이다. 먹는 음식은 건강에 영향을 미친다. 인스턴트, 탄산음료, 영양가 없이 열량만 높은 정크푸드, 당류와 염분이 많은 음식 등을 줄이도록 노력해야 한다. 운동도 병행하면서. 한마디로 건강한 생활습관을 갖는 것이다.

어떤 일이든 자신의 의지가 있어야 해낼 수 있다. 말을 물가에 끌고 갈 수는 있지만 억지로 물을 먹일 수는 없다. 본인이 싫으면 평양감사 벼슬도 필요 없다. 본인이 필요해서 마음먹은 목표라야 할 의욕이 생기고 노력을 하게 되고 목표를 달성한다. 트레이닝을 시작하면서 내가 세운 목표는 2kg 감량이었다. 트레이너의 압박에 잡은 목표는 5kg이었지만 결국 그 목표를 달성하지는 못했다. 나의 절대적인 의지로 5kg을 빼겠다고 했으면 달성 가능하지 않았을까? 결국 본인의 의지가 성패를 좌우한다.

목표 설정에 자신의 의지가 중요하다. 변화를 결심하고 실천 방법을 찾아야 한다. 사람이 변하는 것은 참 어렵다. 하루 이틀은 유지하지만 어느 순간 다시 예전의 행동과 사고를 반복한다. 그런 자신을 보면 "이것밖에 안 되나?" 하는 생각이 든다. 그래도 포기하지 않고 계속 노력해야 한다. 그런 노력이 발전을 가져온다고 나는 믿는다.

이제 뭔가 해 보기로 작정했다면 그에 맞는 변화를 할 시간이다. 나쁜 습관과 나의 변화를 가로막고 있는 것을 버리기로 작정할 시간이다. 작정하고 매일 매일 버리는 연습을 해야 한다.

먼저 완벽주의를 버리자. 사람들이 무엇을 시작하기 어려워하는 것에는 완벽주의가 숨어 있기 때문이다. 완벽하게 해내야 한다고 생각하면 시작할 수가 없다. 부족하면 부족한 대로 시작하는 것에 의의가 있다. 부족한 대로 시작해서 하나씩 갖춰 나가면 된다.

둘째, 조급함을 버리자. 시작하자마자 그럴싸한 성과를 얻으려고 하면 빨리 포기하게 된다. 느긋하게 해야 오래할 수 있다. 가늘고 길게라는 말도 있지 않은가? 나도 가늘고 길게 하려고 노력하는 편이다. 다이어트를 할 때도 그랬고 승진 시험을 준비할 때도 그랬고 대학원 공부를 할 때도 마찬가지다. 집안일도 해야 하고 딸로서 며느리로서 담당해야 하는 역할도 많다. 직장에서 일도 해야 하기에 시간이 늘 부족했다. 그런데 운동과 승진시험, 대학원 공부까지 해야 하니 몸이 두 개라도 모자랐다. 모든 것을 매일 조금씩만 했다. 한 번에 많은 것을 해내겠다는 욕심을 버리고 집안일도 조금씩, 승진시험 준비도 조금씩, 대학원 공부도 조금씩, 운동도 조금씩. 이런 작은 노력이 쌓여도 성과는 나타난다. 매일 30분씩이라도 꾸준히 하자. 조급함을 버리자.

셋째, 시간 낭비를 줄이자. 매일 해야 할 일을 정했으면 그 일을 하기 위한 시간을 확보해야 한다. 낭비하고 있는 시간을 찾아서 줄이면 된다. 하루 일과를 돌아보면 의미 없이 흘려보내는 시간이 너무 많다. 텔레비전 보는 시간, 동네 주부들과 모여 수다로 보내는 몇 시간, 수시로 가는 쇼핑 시간. 물론 텔레비전도 봐야 하고 이웃과의 친목을 위해 만남도 가져야 하고 필요한 물건 사기 위해 쇼핑도 해야 한다. 하지만 시간을 효율적으로 사용하기 위해서는 필요한 시간을 우선 배분하는 것이 필요하다. 하루에 꼭 해야 하는 일은 고정적인 시간을 정해 두자. 중요한 일에 먼저 시간을 배분하자. 그다음에 텔레비전도 보고 수다도 떨고 쇼핑도 하자.

낭비하는 시간을 줄여야 한다는 것이 말로는 쉽지만 실천은 정말 어렵다. 특히 텔레비전은 시간 관리에 방해가 된다. 나는 영화를 정말 좋아한다. 텔레비전의 영화 채널 프로그램을 보기 시작하면 이리저리 채널을 돌리면서 하루 종일 보기 일쑤다. 제어가 안 된다. 그래서 영화는 다운받아 보는 것이 훨씬 좋다. 될 수 있으면 텔레비전은 없애는 편이 좋다.

넷째, 육아에 대한 죄책감을 버리자. 직장 맘이면 누구나 갖게 되는 것이 자녀에 대한 미안함이다. 주부도 자신을 위한 시간을 쓸 때 자녀를 돌보지 못하는 데에 미안함을 가질 것이다. 보통 자녀와 보내는 시간의 양이 중요한 것이 아니라 질이 중요하다고 말한다. 그런데 자녀들과 지내다 보면 질적으로 좋은 시간을 보내기가 힘들다. 모든 시간을 자녀들의 뒷바라지에 쓸 수는 없다. 자신의 꿈과 발전을 위한 시간도 필요하고 자녀의 뒷바라지에 쓰는 시간도 필요하다. 죄책감을 버리자.

세계적으로 유명한 페이스북의 최고운영책임자(COO) 셰릴 샌드버그(Sheryl Sandberg)도 육아에 대한 죄책감에서 자유롭지 않다. 그녀는 미국 재무부 비서실장, 구글의 글로벌온라인운영 부회장을 거쳐 페이스북의 최고운영책임자를 맡고 있다. 이렇게 대단한 그녀는 육아에 대한 어려움이 없을 것 같다. 하지만 그녀도 우리와 다르지 않은 직장맘이다. 그녀는 「고위층에 여성이 적은 이유」에 대해 강의한 TED 강연에서 자신도 육아에 죄책감을 느낀다고 말했다. 그 강연을 하러 오던 날 그녀는 비행기를 타고 강연 장소로 이동했다. 세 살 된 딸을 유치원에 데려다주고 뒤돌아서는데 딸이 엄마 다리를 잡고는 "엄마 가지 마, 비행기 타지 마"라며 울었다. 어쩔 수 없는 그 상황에서 죄책감이 솟았다.

그간의 경험을 바탕으로 그녀는 직장에 머무르길 원할 때 도움이 되는 세 가지를 알려 주었다. 첫째는 '책상에 앉으라'이다. 여성 스스로 뒤로 물러나 있지 말고 진정한 성공을 쟁취하기 위해 나서라는 것이다. 둘째는 '동료를 진정한 동료로 만들기'이다. 이것은 특히 남편을 조력자로 두라는 것이다. 셋째는 '그만둬야 하기 전엔 그만두지 말라'이다. 여성이 결혼과 출산에 대한 부담 때문에 다가오지도 않은 결혼과 출산을 미리 걱정하고 일과 성취에 소극적으로 대응하고 있다는 것이다. 미리 걱정하지 말고 끝까지 최선을 다하라고 강조했다. 강연 내용이 궁금한 분은 TED 홈페이지 (http://www.ted.com)에서 'Sheryl Sandberg'로 검색하여 들어 보기 바란다.

나는 대학원에서 교육상담 석사 과정을 공부했다. 석사 동기 중에는 전업주부로 있다가 일을 갖기 위해서 입학한 사람이 많았다. 30대부터 50대까지 다양한 연령층이 함께 공부했다. 그중 30대 초반인 동기는 딸 하나를 키우고 있었는데 딸의 초등학교 입학과 대학원 졸업 시기가 맞물렸다. 졸업하면서 취업은 하고 싶은데 딸이 초등학교에 입학을 하니 여러 가지가 걱정이었다. 일을 하게 되면 아무래도 육아와 교육에 소홀해질 것이 뻔하다. '엄마가 집에서 늘 돌봐주다가 없으면 아이가 불안해하지 않을까? 학교생활에 잘 적응할 수 있을까? 초등학교 1학년 때 학교에 적응하는 습관을 잘 들여야 할 텐데…. 남편이 육아와 가사를 도와주기나 할까?'

고민을 거듭하다가 그녀는 취업하기로 결정했고 지금 교육청 소속 상담기관에서 전일제로 일한다. 졸업하고 몇 달 후 만난 자리에서 그녀가 말했다. "딸애 때문에 걱정했는데 학교생활 잘하고 있고 남편이 예전과 달리 많이 도와줘요. 닥치면 다 상황에 맞춰서 하게 되나 봐요. 일하기를 잘한 것 같아요."

육아에 대한 죄책감에 새로운 도전을 미루지 말자. 가지 않은 길은 모르는 법이다. 언제나 가지 않은 길에 대한 후회는 남는다. 하지만 어쩔 수 없는 일 아닌가? 자신의 선택을 믿고 그 상황에서 최선을 다할 수밖에.

CHAPTER 5

준비해야 할 것들

군인이 전쟁터에 나가려면 이길 수 있는 무기가 있어야 한다. 무기는 활, 검, 총, 전투기, 잠수함 등 시대와 환경에 따라 최상의 것을 결정하고 준비해야 한다. 그래야 이길 수 있는 경쟁력이 생긴다. 세상에 나갈 준비를 하고 있는 여러분이 준비해야 할 것은 무엇일까?

취업하기 위한 절차는 대체로 비슷하다. 아는 사람에게 소개 받을 수도 있고 인터넷, 정보지 등을 통해 구인 업체를 알아보기도 한다. 또 취업지원기관에 구직 등록을 하고 채용 정보를 알아보기도 한다. 스스로 채용 정보를 알아내서 지원하기도 하고 취업지원기관에서 적합한 업체를 추천 받기도 한다. 그다음엔 이력서와 자기소개서를 제출한다. 이력서에는 회사에서 요구하는 경력증명서나 자격증을 첨부한다. 마지막엔 면접을 본다.

이런 형식적 절차는 구직자들이 공통으로 겪는 과정이지만 취업 여부는 다르다. 누구는 취업하고 누구는 취업하지 못한다. 창업도 마찬가지이다. 일일이 나열할 필요도 없이 누구나 비슷한 절차를 거치지만 결과는 다르다. 누구는 성공하고 누구는 실패한다.

왜일까? 나는 그것이 항상 궁금했다. 지금도 궁금하기는 마찬가지지만 결국은 구직자 본인에게 달려 있다는 걸 알았다. 형식적인 지원에는 한계가 있다. 구직자 본인이 원하는 눈높이에 맞는 역량을 갖춰야 한다. 그것이 안 되면 눈높이를 조정해야 한다.

취업이든 창업이든 일을 하려는 사람은 역량을 갖추는 것이 우선이다. 역량이란 무엇일까? 통상 지식, 기술, 태도를 말한다. 자신의 분야에서 요구하는 지식과 기술을 갖추는 것은 바로 전문가가 되는 길이다. 누가 무엇을 물어도 술술 대답할 수 있을 정도로 지식을 갖추고, 그 지식을 현장에서 활용할 수 있어야 한다. 지금 당장은 아니더라도 전문가가 되겠다는 목표를 세우고 노력을 해야 한다.

지식과 기술 다음은 태도이다. 태도는 무엇일까? 태도는 어떤 상황에 처했을 때 행동으로 나타난다. 말투로도 표현되고 몸짓으로도 나타난다. 사람의 말투나 몸짓은 그 사람의 사고방식을 반영한다. 긍정적인지 부정적인지, 적극적인지 소극적인지, 합리적인지 편협한지 여실히 드러난다. 2016년 8월 5일자 「조선일보」 기사[26]에 따르면 기업이 직원을 채용할 때 중요하게 생각하는 키워드 중 '전문성'의 중요도가 점점 상승 중이며, '책임감, 성실, 열정'은 항상 상위권을 차지한다고 한다.

---

[26] 도전정신보다 전문성…기업들 인재상 변했다, 조선일보, 2016.8.5, http://news.chosun.com/misaeng/site/data/html_dir/2016/08/04/2016080403511.html, 2018.2.3. 조회

내가 근무하는 고용노동부의 고용센터에는 수많은 구직자가 취업을 위해 방문한다. 취업상담 창구에서 근무하는 담당자들도 모든 사람을 취업시키고 싶은 마음이 굴뚝같다. 그러나 담당자 마음대로 되지 않는다. 취업이 안 돼서 속상하기는 구직자나 취업지원 담당자나 마찬가지다.

구직자가 취업하기를 희망하는 직장에서 구직자에게 요구하는 역량과 구직자가 가진 역량의 차이가 클 때는 눈높이를 낮춰야 한다. 고용센터 취업 담당자가 보기에 무리인데도 자신의 입장만 고집하면 취업이 어렵다. 취업 담당자 눈에 보이는 것이 회사의 인사담당자 눈에 안 보이는겠는가?

전남 지역의 한 여성인력개발센터에서 잡 플래너로 근무하고 있는 노지선 씨는 재취업을 원하는 경력단절여성에게 이렇게 당부한다. "먼저 눈높이를 낮춰야 합니다. 구직자 본인의 가치를 객관적으로 판단할 필요가 있어요. 그다음엔 힘든 일도 하겠다는 의지가 필요합니다. 40대 여성이 경력이나 자격증 없이 취업하기는 쉽지 않아요. 주부의 여건에 맞을 때 취업이 가능하도록 자녀가 어릴 때 미리 준비하셨으면 좋겠어요."

노지선 씨는 경력단절여성들이 재취업하려고 할 때 반드시 갖춰야 할 것으로 자신감을 들었다. 경력단절여성들 중 자신감이 낮아 어려움을 겪는 사람이 많다고 한다. 사회 적응을 잘 못할까 봐 두려움이 많고 남들보다 못하다는 생각이 자신감 부족으로 나타난다. 괜히 주눅들 필요 없다. 알고 보면 다 비슷하다.

'내가 뭘 하겠어? 나는 못할 것 같아'라는 마음이 드는가? 자신감을 높이고 싶으면 작은 목표를 정해서 하나씩 달성하는 기쁨을 누려 보는 것도 좋다. 한 가지씩 해낼 때마다 조금씩 나아질 것이다. 거창할 필요 없다. 자격증을 따기로 마음먹었다면 하루 20분만 공부하기로 정해 보자. 20분 짬을 내기는 쉽다. 한 개씩 해 나가다 보면 어느 순간 자신감이 생길 것이다.

자신감 향상에 도움이 되는 집단상담 프로그램에도 참여해 보자. 집단상담 프로그램은 전국 고용센터나 여성인력개발센터 등 공공 취업지원기관에서 무료로 운영하고 있다. 적성을 파악하고 자신감을 올려 준다. 면접이 두려운 사람에게 이력서와 자기소개서를 클리닉해 주고 취업지원 담당자가 면접에 함께 따라 가는 '동행면접'을 지원해 주기도 한다. 취업지원 분야에서 일해 보면 동행면접은 다른 취업지원제도보다 취업성공률이 더 높게 나타난다.

나는 고용노동청이나 고용센터에 계약직 직원을 채용할 때 가끔 면접에 참여할 기회가 있다. 10분 내지 20분 질문하고 답변을 듣다 보면 감이 온다. 놀라운 것은 지원자에 대한 평이 면접관들 모두가 비슷하다는 점이다. 그래서 늘상 하는 말이 '사람 보는 눈은 다 같은가 봐요'이다.

2010년경에 고용센터에 근무할 장애인 계약직 직원 면접에 참여한 적이 있다. 장애인을 대상으로 한 채용이어서 한국장애인공단에서 주관했다. 면접관은 나를 포함해 3명이었다. 5명의 지원자가 면접을 봤다. 그 결과 그중 가장 심한 장애를 가진 사람이 채용 결정되었다. 뇌병변장애를 가진 미혼 여성이었는데 면접장에 들어오기 전에 이력서와 자기소개서를 잠깐 훑어보고 면접을 실시했다.

이력서를 본 순간부터 내 마음속에 부끄러움이 일어났다. 지원자는 사이버대학교에 다니면서 공부를 하고 각종 자격증을 종류별로 얼마나 많이 취득했던지. 신체가 정상인 나도 그렇게 열심히 살지 못했는데. 이력서에서부터 그녀의 성실함을 알 수 있었다.

그녀는 말이 어눌해서 면접 질문에 한마디, 한마디 천천히 답해야 했지만 부끄러워하거나 당황하지 않았다. 장애를 가졌음에도 전혀 기죽지 않고 자신감이 있었다. 모든 일에 적극적인 열정이 고스란히 느껴졌다. 면접관의 질문에 또박또박 소신 있게 답변하는 모습이 감동적이었다. 고용노동부에 대해 아는 것이 있는지에 대한 질문에는 여러 가지 업무를 상세히 답변하면서 자신의 생각을 곁들여 말했다. 미리 고용노동부 홈페이지와 자료로 공부했음을 알 수 있었다. 어떤 일을 맡겨도 정성껏 성실하게 처리할 것이라는 믿음이 왔다. 3명의 면접관 모두 같은 생각이었다.

그녀는 고용센터에서 무기 계약직으로 근무했다. 여기서 멈추지 않고 공무원 중증장애인 경력경쟁채용에 도전했다. 처음에는 떨어졌다. 다음 해에도 또 떨어졌다. 그녀는 포기하지 않고 4년 동안 끈질기게 도전했다. 2015년에 나는 그녀가 근무하는 부서의 팀장으로 가게 되었다. 전입 직원 환영 회식을 했는데 그녀가 화장실에 가더니 오지 않았다. 너무 오래도록 오지 않기에 걱정이 돼서 찾아 나섰는데 그녀가 화장실에서 울고 있었다. 다독여 주었더니 대성통곡을 했다. '직장 생활이 힘든가 보다' 했다. 알고 보니 그날 공무원 중증장애인 경력경쟁채용에 불합격 통보를 받고 서러워서 그랬단다. 세 번의 불합격에 포기해야 하나, 끝까지 안 되면 어떡하나, 왜 자꾸 불합격되나. 여러 가지 생각이 들어 그렇게 서러웠단다.

그리고 얼마 있지 않아 다시 공무원 중증장애인 경력경쟁채용 모집공고가 났다. 그녀는 나를 찾아와서 고용노동부와 ○○부처 중 어디로 지원하면 좋을지 물었다. 고용노동부는 대민부서에서 일해야 하고 ○○부처는 경리, 회계부서에서 일해야 했다. 전략이 필요했다. 그녀 스스로는 장애에 대한 콤플렉스가 없지만 합격을 위해서는 고용노동부의 대민업무보다는 ○○부처의 회계 쪽으로 지원하는 것이 낫겠다고 조언했다. 그녀도 동의했지만 ○○부처의 업무를 잘 모르니 면접에는 고용노동부가 훨씬 유리할 것 같다고 갈등했다. '처음 고용노동부에 들어올 때도 답변을 잘했지 않느냐, 면접을 위해서는 그때처럼 공부를 하면 충분히 가능하다'고 조언해 주었다.

그녀는 ○○부처에 원서를 냈고 면접을 봤다. 면접 결과를 물어보니 '안 될 것 같아요. 내가 봐도 너무 멀쩡한 사람이 지원했더라고요. 그 사람이 될 것 같아요'라고 시무룩해했다. 그런데 그녀가 합격했다. 그녀도 깜짝 놀랐다. 얼마나 기뻤을까. 이 글을 쓰고 있는 지금도 내 얼굴에 미소가 번지고 있다. 그녀는 이제 어엿한 9급 공무원이다.

그녀를 보면 '인간승리'라는 단어가 떠오른다. 그녀가 다른 경쟁자를 제치고 합격할 수 있었던 비결은 무엇일까? 답은 평상시 그녀의 삶의 태도라고 생각한다. 초긍정으로 똘똘 뭉친 그녀를 보고 있으면 덩달아 즐거워진다. 긍정적이어야 하고 적극적이어야 하고 성실해야 함을 누가 모르겠나? 누구나 알고 있지만 실천은 어렵다.

일상 속에서 늘 자신을 돌아보며 생각과 행동을 다듬자. 자신을 준비시키자. 먼저 할 수 있다는 자신감을 가지자. 그다음 자신이 하고 싶은 일에 맞는 능력을 하나씩 준비하자. 이력서와 자기소개서에 넣을 수 있는 콘텐츠를 준비하자. 긍정적이고 열정적인 태도를 몸에 익히자. 이런 것들이 당신에게 가장 강력한 무기가 될 것이다.

PART 4

지금 당장 시작하라

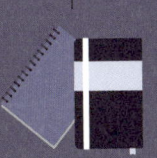

CHAPTER 1

천릿길도 한 걸음부터

"산을 움직이려는 자는 작은 돌을 들어내는 일로 시작하느니라."

공자의 말씀이다. 당신이 이루고 싶은 것이 있다면 작게나마 시작하는 것이 성공의 비결이다. 어떤 일이든 시작 없이 완성되는 것은 없다.

자동차 운전을 처음 시작하면 모든 것이 두렵다. 차를 몰고 도로에 나가는 것도 두렵고 차선을 끼어드는 것은 도저히 못할 것 같다. 오죽하면 초보 운전자를 알리는 문구 중에 '주행만 1시간째'라는 말이 있을까?

그러나 주행을 시작하기만 하면 차선 변경도 하게 되고 끼어들기도 할 수 있게 된다. 도로에 멈추어 있을 때보다 같이 달리면서 끼어드는 것이 훨씬 쉽다. 3차선에 있더라도 한 차선씩 끼어들면 1차선까지 갈 수 있다.

우리가 하려는 모든 일들이 운전하는 것과 같다. 밖에서 볼 때는 길이 없을 것 같지만 그 일에 뛰어들어 보면 길이 보인다. 당장 눈앞에 보이는 길을 따라 하나씩 해내다 보면 점점 더 큰 길로 나아가게 된다.

문제는 시작을 하지 못하는 것이다. 시작하지 않으면 아무것도 이룰 수 없다. 시행착오를 거치면 어떤가? 그것도 경험이 되어 다음엔 좀 더 나은 방법으로 할 수 있다. 시행착오도 발전의 한 과정이라 생각하면 마음이 편하다.

시작하지 못하는 사람들의 마음속엔 '완벽주의'가 도사리고 있다. 완벽하게 해내고 싶은 욕심에 시작조차 못하는 것이다. 완전 초보가 처음부터 전문가처럼 할 수는 없다. 처음부터 전문가처럼 해야 한다고 생각하니까 실패할까 봐 두려운 것이다. 이런 두려움이 시작을 가로막는다.

피아노를 잘 연주하고 싶은 사람이 있다면 피아노 학원에 가서 등록부터 해야 한다. 그 다음에는 바이엘부터 배워야 한다. 처음에는 어눌하고 능숙하지 못하더라도 차근차근 과정을 밟아야 피아노를 잘 연주할 수 있다. 처음부터 체르니를 연주하려는 사람은 애초에 시작도 못하고 포기하게 된다.

작은 것부터 시작하는 것이 성공의 비결이다. 욕심을 버리고 할 수 있는 것부터 시작하자. 시작했는데 자신이 원하는 길이 아닐까 두려운가? 재미있을 것 같았는데 시작해 보니 생각보다 재미가 없을까 봐 걱정인가? 잘 할 수 있을 것 같아 시작했는데 의외로 소질이 없을까 봐 염려되는가?

두려움과 걱정, 염려를 접어 두고 시작부터 해 보라. 시작도 하지 않고 어떻게 알 수 있을까? 초능력자가 아닌 이상 결과를 어떻게 알 수 있겠는가? 해 봤더니 재미가 없거나 소질이 없다면 그때 그만두면 된다. 시작한 것 자체가 소중한 것이다. 경험은 헛되지 않다.

월트 디즈니는 "시작하는 방법은 그만 말하고 이제 행동하라"고 했다. 말만 해서는 어떤 일도 해결할 수 없다. 고민하고 걱정하면 건강만 상한다. 작은 일이라도 실행에 옮기는 것이 해결책이다.

61세의 최광숙 씨는 남편, 아들, 손자녀 3명을 부양해야 한다. 경비로 일하던 남편은 뇌경색으로 병원에 입원했다. 이혼한 아들은 세 아이를 맡기고 집에도 들어오지 않았다. 최 씨도 고혈압과 고지혈증을 앓고 있고 보청기까지 끼고 있었다. 청소 일을 해서 생계를 해결해 왔는데 허리를 다쳐서 일을 못하게 되었다. 치료비가 없어 병원 치료도 못 받고 석 달 동안 누워 있다가 일자리를 알아보려고 고용복지플러스센터를 찾아갔다.

나이도 많고 다른 경력도 없는 최 씨에게 소개된 일은 또 청소였다. 체력이 달려서 해낼 수 있을까 겁이 나서 돌아서는데 복지 관련 상담도 받아 보라는 직업상담사의 권유에 복지지원팀 창구로 갔다. 상담한 결과 최 씨가 지원 받은 복지 혜택은 생각지도 못한 행운이었다. 경기도의 복지 사업인 '위기가정 무한돌봄사업'에서 2개월 동안 생계비 월 148만 원을 지원 받았다. 최 씨와 가족이 앓고 있는 당뇨 치료비 지원과 방문 간호 서비스, 최 씨의 중이염 수술비 일부도 지원 받게 되었다. 손자들은 아동센터와 연결하여 방과 후 돌봄과 저녁식사까지 제공받을 수 있었다.

무엇보다 다행스러운 것은 최 씨의 나이와 신체 상황을 고려해서 남양주시 공공근로사업에 3개월간 참여하게 되었다는 점이다. 공공근로사업이 종료된 후에는 지역공동체 일자리사업에 참여해서 월 80만 원을 벌 수 있었다.[27]

최 씨의 사례는 2015년 12월에 발행된 『고용복지플러스센터 우수사례

---

27) 『고용복지플러스센터 우수사례집』, '그곳에 가면 희망이 보여요', 고용노동부, 2015.12. pp.80~186.

집』에 실린 내용을 요약 발췌한 것이다. 최 씨가 모든 것을 포기하고 아무 것도 시도하지 않았다면 아무 지원도 받지 못했을 것이다. 최 씨가 이런 제도가 있는 것을 알고 고용복지플러스센터를 방문한 것도 아니다. 그저 지푸라기라도 잡는 심정으로 고용복지플러스센터를 방문했고 자신의 어려움을 얘기한 작은 시작이 큰 도움을 받을 수 있는 기회가 된 것이다.

지인 중에 1년 전부터 "나도 대학원에 가서 공부를 해 볼까?"라고 말하던 사람이 있다. 내가 공부하고 학위를 받는 과정을 보더니 자기도 공부를 하고 싶다는 것이다. 대학원 지원 방법과 어떤 전공을 선택하면 좋을지 한참 동안 서로 의견을 나누었다. 그렇지만 정작 대학원 입학 원서는 제출하지 않았다.

그 지인과 차를 마시면서 이런저런 얘기를 나누었다. 그러다가 그 사람이 또다시 "나도 대학원에 가 볼까?"라고 하는 것이었다. 그래서 내가 "전공은 어떤 것을 하려고 하세요?" 물었더니 "사회학을 해 볼까 싶어요"라고 했다. 사회학이면 지금 가진 직업과 연관도 되고 괜찮은 것 같다고 했더니 "글쎄요, 아직 좀 더 재 보고요"라고 하면서 결정을 미루었다.

이 사람이 시작하지 못하는 이유는 무엇일까? 첫째는 대학원 공부를 정말 원하는지 확신이 들지 않은 것 같았다. 둘째는 대학원 학비가 만만치 않기 때문에 최대한 완벽한 결정을 하고 싶은 것 같았다. 자신이 원하는 것을 정확히 모르는 것과 잘못된 시도를 할까 봐 두려운 마음이 장애물로 작용한 것이다.

언젠가는 본인이 원하는 대로 공부를 시작했으면 좋겠다. 그 시일이 가능하면 빨랐으면 좋겠다. 고민하는 기간이 길다고 해서 현명한 결정을 한다는 보장도 없다. 그만큼 시작이 늦어질 뿐이다. 올해를 넘기면 고민하는 기간이 2년이 된다. 2년이면 석사학위를 받기에 충분한 기간이다.

시작이 반이다. 이 말은 사람들이 시작을 어려워한다는 것을 말하고 있다. 반면 시작만 하면 이루기 쉽다는 것을 뜻하는 것이기도 하다. 하고 싶은 것이 있는가? 변화를 시도하고 싶은가? 그렇다면 우선 작은 것부터 시작하라.

무엇을 할 것인지 결정하고 그것을 이루기 위한 과정을 잘게 나누어 보자. 과정을 작고 단순하게 쪼개는 작업을 해 놓으면 훨씬 쉽게 느껴질 것이다. 단계별로 아주 단순하게 만들어라. 이 작업을 완료했는가? 그러면 첫 번째 단계를 시작하라. 시작했다면 당신은 이미 반을 달성한 것이다.

CHAPTER 2

준비하는 자와
준비하지 않는 자의 차이

"에너지가 넘치네요."

"좋아 보인다. 변해도 너무 변했다."

"뭐가 그리 좋냐? 좋은 일 있냐?"

환갑이 넘어 처음 사회생활을 하게 된 63세 고연희 씨가 취업하고 난 후 자주 듣는 말이다. 63세 할머니가 에너지가 넘치면 얼마나 넘치겠냐고 말하면서도 보람된 일을 찾았을 때 오는 행복감은 직접 경험한 사람만이 알 수 있다고 말한다. 그녀는 어떻게 60세가 넘어서 취업을 할 수 있었을까? 그녀의 이야기를 한번 들어 보자.

그녀는 고등학교를 졸업하고 버스 운수업을 하는 남자와 결혼을 했다. 아들을 낳았고, 남편이 벌어다 주는 돈으로 풍족하게 살았다. 승용차 트렁

크에 동전을 가득 실어 타이어가 펑크 날 정도로 매일 돈을 많이 벌었다고 한다. 남편 사랑 받으며 고생 모르고 살았다. 그런데 남편이 사업체를 매각하는 과정에서 사기를 당했다. 남편은 술에 빠져 살다가 47세에 심장마비로 사망하고 말았다. 그녀는 우울증이 왔지만 먹고 살길이 막막해 전세금을 빼서 아들과 함께 장사를 시작했다. 그러나 준비 없이 시작한 장사는 쉽지 않았다. 아무리 열심히 해도 적자를 면치 못했고 6개월을 못 버티고 망해 버렸다.

70평이 넘는 고급 아파트에 살다가 다섯 번을 이사하면서 20년도 넘은 빌라의 지하에 월세로 옮겼다. 이사한 날 그렇게 눈물이 났다. 우울증이 심해져 대인기피증이 생겼고 갑상선암 수술까지 했다. 죽고 싶은 마음이 간절했다. 외출도 하지 않은 채 지냈다. 경찰공무원이 되려고 했던 아들은 간호조무사가 되어 그녀를 돌봐 주었다. 아들의 노력 덕분에 10년 만에 외출을 했고 고용센터의 취업성공패키지에도 참여하게 되었다.

그녀는 63세였다. 63세면 직장에 다니던 사람도 은퇴하는 나이다. '할 줄 아는 것이 아무것도 없고 사회 경험도 없는 자신이 할 수 있는 일이 있기나 할까?' 고민스러웠다. 취업성공패키지 상담사에게 이런 마음을 얘기했다. 상담사는 희망을 가지라고 진심으로 격려해 주었다. 상담을 받는 동안 그녀는 남편만 의지해 살았던 자신이 부끄럽게 느껴졌다.

심리검사와 상담을 진행한 결과 그녀가 사람을 좋아하고 봉사와 보람 있는 일을 원하는 것으로 나왔다. 상담사는 '요양보호사'를 추천하면서 자세하게 설명해 주었다. 고용노동부 지원이 되는 요양보호사 훈련 학원을 직접 찾아다니며 상담을 했다. 학원 담당자는 힘들지 않을까 걱정했지만 고용센터에서 충분한 정보 탐색과 상담을 한 후에 결정한 것이라 "잘할 수 있다"고 자신 있게 대답했다. 고용센터에서 내일배움카드를 발급받고 훈련에 참여했다. 훈련수강생 중 최고령이었다. 그렇지만 배운 것을 달달 외웠다. 공부한 내용으로 잠꼬대를 할 정도였다. 그렇게 준비해서 한 번에 자격을 취득했다. 그때의 성취감과 행복감이란 말로 표현할 수 없을 정도였다.

그녀는 재가방문 요양보호사로 일하게 되었다. 파킨슨병을 앓고 있는 72세의 여자분을 돌보면서 언니 동생처럼 의지하면서 지냈다. 그녀의 보살핌으로 환자가 호전되고 표정이 밝아지는 것을 보면서 보람을 느낀다고 한다. 도움을 받기만 했던 그녀가 다른 사람을 도우면서 마음의 병도 치유되어 가는 듯했다. 일한 지 채 한 달이 되지 않은 날 첫 월급이 입금되었다는 문자를 보고는 아들과 함께 울었다고 한다. 자신이 일해서 처음 번 돈이었다. 요양보호사는 정년도 없다. 그녀는 요양보호사로 베테랑이 되려고 노력하고 있다.

이상은 고용노동부의 『2016 취업성공패키지 우수사례집』에 실린 내용을 발췌, 요약한 것[28]이다. 고연희 씨의 사례를 읽으며 마음이 아프기도 했고 안타깝기도 했고 감동스럽기도 했다. 남편 울타리 안에서 온실 속 화초처럼 지내다가 재산도 잃고 남편도 잃었으니 하늘이 무너지는 것 같았으리라. 게다가 수입이 끊겨 생계까지 걱정해야 하니 얼마나 막막했을까?

---

[28] 『2016 취업성공패키지 우수사례집』, '저, 내일부터 출근해요', 고용노동부, pp.189~195.

어렵게 용기를 내어 시작한 장사는 제대로 해 보지도 못하고 6개월 만에 문을 닫아야 했으니 엎친 데 덮친 격이다. 그녀가 경제 능력이 있었다면, 직업을 가지고 있었다면 그런 막막함이 좀 덜하지 않았을까. 고연희 씨가 장사를 시작했을 때 창업을 위한 준비를 꼼꼼히 하고 시작했더라면 좀 더 도움이 되었을 텐데. 경험이나 지식이 부족하면 전문 기관의 도움을 받았다면 좋았을 텐데 싶었다.

자영업을 시작한 사람들이 1년을 버티는 것이 얼마나 힘이 드는 일인지 모른다. 통계청에 따르면 2013년 신생 기업 10개 중 1년 생존율은 62.4%다. 10개 중 4개가 1년을 못 버티고 문을 닫았다는 말이다. 5년 동안 버티는 기업은 얼마나 될까? 10개 중 3개가 채 안 된다. 자영업의 길이 얼마나 험난한지 알 수 있다. 험한 세상에서 살아남으려면 철저한 준비가 필요하지 않겠는가? 창업 현황과 전망을 짚어 보고 상품성과 시장성, 수익성, 위험 요소를 조사하고 자금 계획도 수립해야 한다. 자금은 시설 투자에 필요한 자금과 운전자금으로 구분해서 준비해야 개업 초기 영업 부진에도 버틸 수 있다.

중소기업청 산하 소상공인시장진흥공단은 소상공인을 위한 컨설팅과 사업자금 대출 지원을 해 준다. 소상공인의 신청에 따라 사전 진단 후 전문 컨설턴트가 사업장을 방문하여 마케팅, 프랜차이즈, 경영 진단 등 애로사항 개선과 상품 및 메뉴 개발도 지원해 준다. 컨설팅 비용은 1일에 25만 원인데 일반 소상공인은 90%, 영세 소상공인은 100%를 국비 지원한다. 소상공인을 위한 정책자금 융자도 해 준다. 신청 기간은 별도 공지를 하고 소공인 특화자금, 성장촉진자금, 일반경영안정자금 등을 융자해 준다. 일반경영자금에는 여성가장 지원자금, 창업자금 지원 등이 포함되어 있다. 창업하려는 여성들은 이런 제도도 활용해 보길 바란다. 좀 더 상세한 내용은 부록을 참고하거나 소상공인시장진흥공단 홈페이지에 가면 자세한 내용을 볼 수 있다.[29]

어쨌거나 고연희 씨는 장사를 실패하고도 다시 용기를 냈다. 취업성공패키지 프로그램에 참여했고 적성검사와 상담을 진행하면서 자신이 어떤 일을 해야 할지 정보를 탐색하고 준비했다. 요양보호사 훈련 학원에서조차 '힘들 텐데 괜찮은지' 염려했는데도 자신이 할 수 있다는 확신을 가지고 선택했다. 그리고 취업까지 성공했다. 이것이 준비의 힘이다. 철저한 준비는 자신감을 높여 준다. 실패의 확률도 줄일 수 있다. 준비 앞에서는 63세의 나이도 문제되지 않음을 그녀가 보여 주었다.

---

[29] 소상공인시장진흥공단 홈페이지, www.semas.or.kr

CHAPTER 3

뭘 해야 할지 모르는 당신을 위해

 새로운 일을 하고 싶은데 무엇을 해야 할지, 어디서부터 시작해야 할지 막막한가? 뭐라도 당장 해야 할 것 같은데 마음만 급한가? 잘하는 것도 없는데 직업을 가질 수나 있을지 두려운가? 난감하다. 그러나 답은 자기 안에 있다. 자신을 들여다보고 자기를 알아 가는 작업을 해야 한다. 나를 안다는 것은 쉬우면서도 어려운 일이다. 스스로 고민하고 깨우쳐야 한다.
 취업하는 것이 우선이라면 자신이 중요하게 생각하는 것이 무엇인지 생각해 보자. 급여를 중요하게 생각하는가? 근무 시간이 더 중요한가? 깔끔한 근무 환경이 더 중요한가? 적성에 맞는 일을 하는 것이 더 중요한가? 제일 먼저 충족되어야 할 것이 무엇인지 생각해 보자. 사람마다 사정이 다르다. 각자의 사정과 여건에 따라 우선순위도 다르다. 자신과 자신의 환경을 돌아보고 적절한 선택을 해야 한다. 그 결정은 타인이 해 줄 수 없다.
 고용센터나 여성새로일하기센터 등 취업지원기관을 방문하면 취업상담을 진행한다. 이때 구직자가 가장 중요하게 생각하는 것, 구직자의 가정환경 등 여러 가지 여건에 따라 취업알선 사업장이 달라진다. 급여를 가장 중요하게 생각하는 사람이라면 회사가 집에서 좀 멀어도 괜찮다고 할 것이다. 근무시간이 중요한 사람은 주 5일 근무를 선호할 것이고, 시간제 근무라도 괜찮다고 할 것이다. 당장 생계가 급한 사람은 흥미와 적성을 고집하기 힘들 것이다. 흥미와 적성을 고려한 일을 중요하게 생각하는 사람은 다른 조건보다 흥미와 적성에 맞는 일을 원할 것이다.

자신에게 맞는 일을 찾는 것은 새로운 일을 선택할 때 중요한 요인이다. 적성에 맞는 일, 잘할 수 있는 일을 하며 사는 것은 인생의 행복이다. 그러나 자신의 흥미와 적성을 잘 파악하고 있는 사람은 드물다. 당신은 자신이 좋아하며 평생 하고 싶은 일을 찾았는가?

자신이 좋아하는 일은 무엇인지 생각해 보자. 어떤 일을 했을 때 싫증 내지 않고 몰입했었는지 기억을 더듬어 보자. 적성검사, 흥미검사, 성격검사 등 진로 관련 검사를 참고해 보자. 적성검사, 흥미검사에 대해서는 앞에서 설명한 바 있다. 워크넷 등 무료로 할 수 있는 방법도 안내했으니 참고하기 바란다.

하고 싶은 것이 있으면 직접 해 보자. 바리스타가 되고 싶으면 관련 강의를 수강해 보자. 확신이 서지 않으면 취미반을 우선 들어 보자. 취미반을 수강하면서 자신이 생각했던 것과 같은지, 아닌지 경험으로 확인해 보자. 일반적으로 자신이 재미있어 하는 것을 잘한다. 좋아하는 것과 잘하는 것이 항상 일치하지는 않는다. 해 봤더니 즐겁고 잘할 수 있는 일이라면 내가 이 일을 직업으로 가졌을 때를 상상해 보자. 취미로 하는 것과 업으로 삼는 것은 많이 다르다. 어떤 환경에서 일해야 하는지, 내가 중요하게 생각하는 것들을 충족시킬 수 있는지 생각해 보자. 여러 가지를 꼼꼼히 따져 보자.

이렇게 따져 보고 선택해도 시행착오를 겪을 수 있다. 시행착오를 무서워하지 말자. 시행착오도 필요하다. 생각하는 것과 실제 해 보는 것이 다른 경우가 많다. 그래서 해 봐야 안다. 해 봤더니 아니다 싶으면 그만두면 된다. 시도하는 것이 중요하다. 시도하고 해 보는 과정을 즐기면 된다. 즐겼으니 그것만으로도 족하다. 인생은 과정이다. 과정들이 모여 결과를 이루어 낸다. 대가 없는 것은 없다. 시행착오를 거치지 않는 사람이 있을까? 그런 사람은 없다. 시행착오의 과정에서도 분명히 배우는 것이 있다. 실패하면서 성장한다.

좋아하는 것이 있다면 꾸준히 해 보자. 반복하고 반복하면서 실력을 쌓아 가면 전문가가 된다. 아는 사람 중에 중 결혼 후 일본어 회화를 시작한 사람이 있다. 문화센터 일본어 강좌를 10년 동안 수강했다. 반복하고 또 반복해서 공부했더니 일본어 회화를 잘하게 되었고 일본어 강사로 일하게 되었다고 한다. 전문가 수준으로 발전한 것이다. 전문가 수준에 도달하려면 좋아하는 것을 꾸준히 해내는 힘이 필요하다. 어쩌면 좋아했기에 중도에 포기하지 않고 끝까지 잡고 갔는지도 모른다. 좋아하면 열심히 하게 되고 열심히 하면 실력이 쌓이고 그러면서 선순환이 일어난다. 이런 일을 일찌감치 찾아낸 사람은 행복한 사람이다.

전문가의 도움이 필요하다면 집 가까운 고용복지플러스센터를 방문해 보자. 고용복지플러스센터에는 개인 구직 상담과 집단 상담 프로그램을 운영하고 있다. 개인 구직 상담은 직접 취업상담창구를 방문하면 상담이 가능하다. 취업알선 담당자가 상담을 거쳐 취업 알선을 해 주거나 다른 프로그램을 연계할 수 있도록 안내해 준다.

집단 상담 프로그램은 15명 정도의 참여자를 대상으로 4일간 운영한다. 일정한 커리큘럼으로 구직자가 자기 이해의 시간을 가질 수 있다. 직업적성 검사와 해석, 직업정보 탐색을 통해 구직자에게 적합한 진로를 설계를 지원한다. 의사소통 능력과 구직 기술을 높이는 활동을 통해 취업자신감을 회복할 수 있도록 도와준다. 집단 상담 프로그램은 종합적인 직업진로 상담 서비스를 제공하므로 무엇을 할지 방향을 설정하지 못한 사람과 취업자신감이 부족한 사람에게 효과적이다. 물론 비용은 무료이다.

전국의 고용센터 연락처는 「부록 1. 전국 고용센터 연락처」를 참고하기 바란다.

CHAPTER 4

시간이 없는 당신을 위해

"시간을 되돌리는 능력이 있으면 얼마나 좋을까?" 할 일은 많고 시간은 없고 바빠서 바둥바둥 거릴 때 드는 마음이다. 집 청소, 빨래, 요리, 직장 업무, 공부 등 할 일이 많은데 시간은 턱없이 부족하다. 몸이 두 개라도 모자랄 판에 늘어놓는 푸념이다.

청소와 빨래를 해 놓고 다시 시간을 되돌려 공부를 하고 또 다시 시간을 되돌려 밀린 회사 업무를 처리하고. 얼마나 환상적인가? 이런 능력이 있다면 바쁠 일도 없고 항상 느긋하고 행복하기만 할 것 같다.

영화 『어바웃 타임』의 주인공 팀은 시간을 되돌리는 능력을 가졌다. 가족 대대로 남자에게만 유전되는 비밀스러운 능력이다. 팀은 여자 친구를 사귀기 위해 시간을 되돌리는 능력을 사용한다. 결국 사랑하는 여자와 결혼에 골인하게 된다. 사랑스러운 딸을 낳고 꿈같은 시간들을 보내지만 여동생의 꼬인 인생을 풀어 주기 위해서 시간을 되돌리는 능력을 수시로 사용한다.

시간을 되돌리게 되면 현실은 달라진다. 딸이 태어나기 전으로 시간을 되돌린 적이 있었다. 그런데 사랑스러웠던 딸은 사라지고 아들이 태어나 있었다. 팀은 딸이 너무 보고 싶고 그 상황을 받아들일 수 없어 다시 시간여행을 해서 원래대로 돌려놓았다. 시간여행 능력을 가진 아버지에게 물어, 아이가 태어나기 전의 시간까지 거슬러 올라가면 아이의 탄생에 영향을 미치게 된다는 사실을 알게 된다.

어느 날 아버지가 암에 걸려 인생이 얼마 남지 않았음을 알게 된 팀은 시간을 되돌리려고 한다. 하지만 아버지는 말리면서 충고를 한다. 시간을 되돌려 결과를 바꾸려고 하기보다 하루를 두 번 살아 보라고. 처음의 하루는 긴장되고 바빠서 정신없이 보내게 되지만 두 번째 사는 하루는 이미 결과를 알기 때문에 훨씬 여유롭게 보낼 수 있을 것이라고.

팀은 아버지의 충고대로 똑같은 일상을 두 번 반복한다. 아버지의 말대로 놓쳤던 순간들이 행복으로 다가옴을 실감한다. 그 후 팀은 결과를 바꾸기 위한 시간여행은 하지 않는다. 대신 매 순간을 소중하게 생각하며 최선을 다해 생활한다. 순간을 즐기는 것이 바로 행복임을 깨닫는다.

영화는 많은 메시지를 던져 준다. 시간을 되돌리는 능력이 행복과 직결되는 것은 아니다. 순간의 소중함, 현실을 충실하게 살아가는 것이 현명한 삶의 비결임을 알려 준다. 어차피 우리는 시간을 되돌릴 수 있는 능력이 없다. 그러므로 현실에서 가능한 방법을 찾아 충실하게 보내는 것이 최선이다.

전문가가 되기로 결심했거나 취업을 준비하고 싶은데 시간이 없다면 '어쩔 수 없어. 지금 내겐 시간이 없어. 나중에 시간나면 해야지' 하고 생각하기 쉽다. 미루는 것이 쉽기 때문이다. 그러나 미루면 그 시간은 오지 않는다.

당신에게 시간이 없다면 자신이 만들어 내야 한다. 시간을 만들어 내는 방법은 무엇일까? 두 가지 방법이 있다. 첫째는 스스로 시간 만들기이다. 낭비하며 흘려보내는 시간을 붙잡아서 유용하게 쓰는 것이다. 둘째는 다른 사람의 힘을 빌리는 것이다.

먼저 스스로 시간을 만드는 방법을 생각해 보자. 자투리 시간도 1년을 모으면 엄청난 양이 된다. 우리는 무심코 TV 앞에 앉아 있는 시간이 많다. TV 보는 시간 중 하루 10분만 떼어 책을 읽는다고 가정하자.

많은 시간도 아니다. 딱 하루 10분이다. 10분은 누구라도 낼 수 있는 시간이다. 1년 동안 매일 10분을 모으면 3,650분이다. 시간으로 환산하면 3650분÷60분=60.8시간이다. 보통 사람이 책 한 권 읽는 데는 4시간에서 5시간 정도 걸리는데 한 권당 5시간으로 계산해 보자. 60시간÷5시간=12권이 된다. 하루 10분만 매일 책을 읽어도 1년에 12권의 책을 읽을 수 있다.

문화체육관광부의 2015년 국민독서실태조사에 따르면 한국 성인의 1년 평균 독서량은 9권이라고 한다. 1년간 12권의 책을 읽는 당신은 한국 성인의 평균 수준인 9권을 훨씬 뛰어넘는다. 하루 10분 투자로 당신은 벌써 대한민국 평균 이상의 경쟁력을 가질 수 있다.

하루 중 흘려보내는 시간을 생각해 보면 의외로 많다. 자신이 허비하고 있는 시간을 알뜰히 사용해 보자. 사교 모임도 조금만 줄이고 잠도 조금만 줄여 보자. 무엇인가를 이루기 위해서는 대가를 지불해야 하지 않겠는가? 그저 되는 것은 없다.

두 번째는 다른 사람의 힘을 빌리는 것이다. 자신을 도와줄 사람이 누구일지 생각해 보자. 가족이 가장 든든한 조력자다. 전업주부로만 지낸 당신이라면 다른 사람의 도움 없이 혼자서 모든 일을 다 해냈을 가능성이 크다.

하지만 이제부터는 변화를 선포해 보라. 자신이 가진 계획과 목표를 가족에게 얘기하고 도움을 요청하라. 당신이 나중에 일을 하게 되었을 때도 가족의 도움은 필수이다. 전업주부 시절처럼 혼자서 집안일을 하다가는 오래 가지 않아 지쳐 버릴 것이다.

처음부터 많은 것을 바라지 말고 작은 일부터 돕게 하자. 시작이 어렵지 한 번 하고 두 번 하면 습관이 된다. 나중에는 당연히 받아들일 날이 있을 것이다. 처음에는 남편이든 아이들이든 도와주는 일이 성에 차지 않을 것이다. 그래도 불평불만은 금지다.

칭찬은 고래도 춤추게 한다지 않는가? 칭찬과 감사를 표현하자. 도와주는 사람도 기분 좋고 도움 받는 사람은 득이 된다. 하지만 칭찬과 감사가 쉬운 일은 아니다. 남편이 화장실 청소를 해 놨는데 물만 뿌려 놓은 것 같다. 애들이 널어놓은 빨래는 대충 걸쳐 놓은 수준이다. 이걸 보면 '차라리 내가 하고 말지!' 싶다.

그러나 참고 넘어가야 한다. 한 번, 두 번 잔소리하면 도와주는 사람도 짜증만 늘어난다. "기껏 도와줬더니 잘했네, 못했네. 기분 나빠! 이제 안해!"라는 소리가 나온다. 그러면 다시 도움을 요청하는 것이 더 어려워진다. 감사하다 생각하고 넘어가고 분위기 봐 가면서 살살 가르쳐야 한다. 그렇게 일이 숙달되면 나중에는 반주부가 다 된다. 시간이 필요한 사람은 당신이니 참을 수밖에 없다. 참는 자에게 복이 있나니!

나는 결혼할 때부터 지금까지 27년 동안 맞벌이를 하고 있다. 남편은 웬만한 주부만큼 집안일을 잘한다. 그러나 처음부터 집안일을 도왔던 건 아니다. 남편은 결혼하고 3년 동안은 집안일에 손도 까닥하지 않았다. 나도 남편도 가사 분담이라는 생각 자체를 못하고 살았다.

그런데 직장과 가사, 육아를 병행하면서 나의 건강이 점점 나빠졌다. 특별히 병이 난 것은 아니지만 만성피로를 달고 사니 나날이 고역이었다. 티격태격하면서 집안일을 함께했고 마음에 들지 않아도 참고 넘어갔다.

그 당시에 내가 남편에게 가장 많이 했던 말이 "집안일을 도와준다고 생각하지 마라. 함께 해야 하는 당신의 일이라고 생각하라"였다. 감사하게도 남편은 집안일의 많은 부분을 혼자서 잘 해낸다. 내가 세종시에서 근무하던 1년 6개월 동안도 남편은 대구의 집에서 두 아들을 건사하며 잘 지냈다.

사람들은 가끔씩 내게 묻는다. "남편이 어떻게 그렇게 집안일을 잘해요? 처음부터 그랬어요?"

이런 질문을 처음 받았을 때는 나도 어떻게 남편이 집안일을 잘하게 됐는지 몰라서 곰곰이 생각해 봤다. 내가 힘들고 피곤함을 자꾸 얘기해 주고 해 놓은 일이 마음에 들지 않아도 그냥 넘어갔던 것이 비결이 되었던 것 같다.

한 가지 팁이 더 있다면 일요일에 남편이 소파에 누워서 텔레비전을 보고 있으면 나는 청소를 시작한다. 그러고는 남편에게 부탁한다. "나는 청소기 돌릴 테니 물걸레질 좀 해 줄래요?" 내가 일을 하기 때문에 남편은 웬만하면 싫다는 소리를 안 하고 함께한다. 싫다 소리를 안 하는 게 아니라 못하는 거다. 이것저것 하라고 지시하기보다 함께하도록 유도하는 것도 남편이나 아이들의 도움을 받을 수 있는 좋은 방법이다.

이렇게 만든 시간으로 취업을 하려는데 아이가 아직 어려서 취업이 힘들다면 어떻게 해야 할까? 더 이상 시간을 만들어 낼 수도 없고 취업은 해야겠고, 진퇴양난이다. 이럴 때는 시간선택제 일자리를 활용해 보라. 최근에는 정부의 시간선택제 활성화 정책과 지원금 제도로 시간제 일자리가 많아지고 있다. 하루 근무시간이 4시간, 5시간, 6시간 등 회사마다 다양하게 운영하고 있는 시간선택제 일자리를 활용하는 것도 좋은 방법이다.

모든 사람에게 공평하게 주어지는 것이 시간이다. 이 시간을 잘 사용하는 것은 자신의 선택에 달려 있다. 그 선택이 인생을 바꿀 수도 있음을 명심하자.

CHAPTER 5

돈이 필요한 당신을 위해

남편, 자녀를 위한 비용은 잘 쓰면서도 주부 자신을 위한 비용을 쓰는 것에는 인색한 것이 한국 엄마들의 공통점이다. 더구나 필수품도 아닌 취미생활이나 자기 계발 비용에는 더더욱 그럴 것이다. 자기 계발서를 읽어 보면 수입의 몇 퍼센트는 자신을 위해 투자하라는 얘기가 많이 나오지만 실천하기는 어렵다.

주부 자신의 취미생활이나 능력 계발에 필요한 비용 지출은 늘 우선순위에 밀린다. 한 번, 두 번이 모이면 일상이 되기 쉽다. 자신을 위한 투자를 늘 미루다 보면 평생 할 수 없게 된다. 어떻게 해야 할까? 첫째는 가정의 수입에서 일정 금액을 배분해서 사용할 수 있을 것이다. 둘째는 지원제도를 활용해서 도움을 받을 수 있을 것이다.

20여 년 전 고교 동창들이 결혼하고 얼마 되지 않아 모임을 가졌었다. 모임에 온 4명 중 나만 직장을 다니고 있었고 다른 친구들은 전업주부였다. 친구들이 모두 전업주부였기에 모임 날짜는 평일 낮으로 잡히는 경우가 많아 나는 모임에 빠지는 횟수가 많았다. 나는 친구들이 부러웠는데 친구들은 일하는 나를 부러워하기도 했다.

언젠가 한번은 친구가 이런 말을 했다. "영화 비디오테이프를 빌려 보는 것도 왠지 미안해." 남편이 애써서 벌어 온 돈으로 친구는 집에서 취미생활을 즐기는 것이 남편에게 미안하다는 것이었다. 남편이 그걸 타박하지 않지만 스스로 그런 생각이 든다고 했다. 친구의 알뜰한 성향 때문이기도 했겠지만 주부가 생활비에 갖는 심리적 부담이 어떤지 알 것 같았다.

계속 일을 해 온 나도 마찬가지다. 처음에는 나를 위한 용돈이 없었다. 수입에서 남편의 용돈은 따로 배정했지만 내 용돈은 없었다. 생활비에서 내 용돈을 사용했다. 그러니 내게 필요한 것을 사거나 사교비용을 지출할 때는 한 번 더 생각하게 되고 왠지 미안한 마음이 들었다. 언제부터인가 이걸 고쳐야겠다고 생각했다. 나 자신도 가족의 일원이기에 내가 스스로 용돈을 사용할 권리를 인정해 줄 필요가 있겠다고 생각했다. 지금은 내 용돈을 따로 배정해서 사용한다. 월급을 받으면 남편 용돈, 생활비, 교육비 등 다른 항목과 함께 내 용돈도 자동이체해 둔다.

가정의 수입에서 주부 자신을 위해 사용할 금액을 배정하는 것에서 가장 중요한 것은 주부 자신의 결정이다. 주부 스스로 그 권리를 제한하고 있는 경우가 많다. 누가 그런 희생을 강요하지 않았는데 스스로 희생하는 때가 많다. 가족들은 아내가, 엄마가 그렇게 살고 있는지 모른다.

얼마 전 TV 예능 프로그램에서 남자 출연자가 한 이야기이다. 출연자의 지인 중 남편이 공무원이고 자녀 두 명을 다 키워 놓은 전업주부가 있단다. 공무원 외벌이니 당연히 알뜰하게 살았다고 한다. 계란 프라이를 항상 세 개 해서 남편과 두 자녀에게만 주고 자신은 먹지 않았다고 한다. 자녀들이 다 자라고 생활이 어느 정도 안정되자 계란 프라이를 네 개 해서 자신도 먹었는데 이걸 본 자녀가 한 말이 "엄마, 엄마도 계란 프라이 먹을 줄 아네?"였단다. 출연자는 이렇게 덧붙였다. "이 말을 들은 지인은 당연히 서운하고 화가 났지. 그런 희생을 스스로 선택해서 했지만 가족들은 사실 그런 걸 잘 모를 수 있다."

그러니 엄마도 누리고 살자. 나중에 섭섭해 하지 말고. 생활비에서 자신을 위한 비용을 과감하게 배정해 보자.

두 번째는 지원제도 활용하기다. 최근 경력단절여성에 대한 관심이 높아지고 있다. 경력단절여성에 대한 지원은 다양한 기관에서 실시하고 있다. 고용노동부와 여성가족부에서 주로 실시하고 있고 자치단체에서도 여러 가지 지원제도를 운영하고 있다.

경력단절여성을 위한 제도라고 명시되어 있지 않지만 다른 지원제도 속에 포함되어 있는 경우도 많다. 지원제도가 각기 산재해 있어 손품을 좀 팔면 혜택을 볼 수 있다. 자녀 교육에 중요한 것이 '엄마의 정보력, 할아버지의 경제력'이라는 말이 있다. 주부 등 경력단절여성의 경력 개발과 취업, 창업에도 정보력은 큰 힘이 된다.

고용노동부와 여성가족부에서 실시하는 지원제도를 간략히 소개하면 다음과 같다.

고용노동부

- **고용복지플러스센터** 국민들이 한 곳만 방문하면 다양한 고용·복지 서비스 등을 받을 수 있도록 고용센터를 중심으로 고용 및 복지 서비스 기관이 한 공간에서 서비스를 제공

- **취업지원 서비스** 취업 알선, 동행면접 등을 지원

- **집단 상담 프로그램** 취업의욕, 취업기술, 의사소통 능력을 향상을 위한 3~5일 정도의 소규모(12~15명) 참여식 교육 프로그램

- **단기 집단 상담 프로그램** 자신에게 부족한 부분만을 선택하여 25명 정도의 그룹으로 3~4시간 참여하는 교육 프로그램

- **취업 특강** 실습·체험형 교육이 부담스러운 경우 참여할 수 있는 2시간 강의식 형태의 교육 프로그램

- **취업성공패키지** 저소득 취업취약계층, 청년 및 중장년 미취업자를 대상으로 참여자의 특성 진단(프로파일링)을 토대로 최장 1년간 맞춤형 취업지원 프로그램을 패키지로 지원

- **내일배움카드(실업자)** 취·창업을 위해 직무수행능력 습득이 필요한 실업자 등에게 직업능력개발훈련 참여 기회를 제공

- **직업훈련 생계비 대부** 취약계층(비정규직근로자, 전직실업자)이 직업훈련 시 장기 저리의 생계비 대부 지원

지원제도별 상세한 내용은 「부록 2. 경력단절여성을 위한 취업(창업) 지원제도」를 참고하기 바란다.

PART 5

주부에서 전문가로

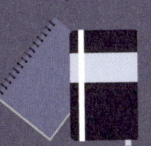

CHAPTER 1

꽃집 아줌마, 대학 강단에 서다

일요일 오전 11시. 인터뷰를 위해 조용한 카페에서 최소연 씨를 만났다. 일주일 전 일요일에 만나기로 약속을 했지만 까맣게 잊어버린 그녀 덕분에 바람을 맞고 오늘 다시 만났다. 일하랴 공부하랴 바쁘게 살다 보면 가끔씩 정신 줄을 놓을 때가 있다. 나도 그런 경험이 있기에 이해를 넘어 '100퍼센트 공감'한다.

회사를 다니면서 박사 논문을 준비하는 그녀는 일요일에도 도서관에 간다. 아침 일찍 교회에 갔다가 예배를 마치면 도서관으로 직행, 도서관이 문을 닫는 밤 11시까지 관련 논문을 찾고, 전공 책을 읽으며 박사 논문 초안을 작성한다. 정년이 얼마 남지 않은 지도교수님의 퇴직 전에 박사 논문을 마무리하기 위해 여느 때보다 바쁜 일상을 보내고 있다. 그녀의 나이는 55세. 손자까지 있는 할머니다. 어떤 사람은 그 나이에 그렇게 팍팍하게 살 필요가 있겠냐고 하지만 그녀는 즐거움을 누리고 있다.

그녀의 직업은 상담사다. 그녀가 처음부터 상담 관련 일을 하려고 했던 것은 아니다. 실업계 고등학교를 졸업하고 당시에 다니던 교회의 선교원 선생님으로 일을 시작했다. 선교원은 교회에서 운영하는 어린이집 같은 곳이다. 1년 정도 일을 한 후 서울로 이직했다. 그때 지금의 남편을 만나 23세에 결혼을 했다. 결혼하면서 선교원을 그만두고 대구로 내려와 남편과 같이 꽃 농장을 시작했다.

비닐하우스를 짓고 대규모 투자를 해서 시작했는데 시작한 첫해에 태풍으로 피해를 입었다. 복구하고 일어서려는데 다음 해에 또 태풍이 와서 꽃 농원이 망했다. 꽃은 수확도 못 해 보고 빚더미에 올라앉았다. 요즘 돈으로 치면 아파트 4채를 살 수 있는 큰돈이었다. 당시에 지은 목재 비닐하우스가 서울에서 유행하던 최신형이었다. 마침 대구, 경북 인근의 꽃집들이 비닐하우스를 지어 달라고 해서 그 일로 생계를 유지했다. 남편과 둘이서 직접 자재를 사서 자르고 조립하는 일을 했다.

20대 여자가 망치 들고 공사장 인부처럼 막노동을 하고 있으니 지나가던 사람들이 힐끔힐끔 쳐다보며 안됐다는 듯이 한마디씩 했다.

"아이고, 이렇게 젊은 새댁이 이런 일을 하고 있네. 쯧쯧. 텔레비전에 나와도 되겠다."

이런 말을 들을 때면 그 상황이 너무 싫었다고 한다. 어쨌거나 돈이 들어오면 생활비도 남기지 않고 빚부터 갚았다. 생활비는 언니에게 조금씩 빌려서 살고 돈을 받으면 다시 갚았다. 빚을 갚느라 밥도 제대로 못 먹고 굶는 날도 많았다.

7년간의 고생 끝에 빚을 다 갚고 꽃집을 시작했다. 꽃집을 하면서도 물불을 가리지 않고 일했다. 몸을 너무 혹사해서인지 면역력이 약해져 세균성 뇌수막염을 세 번이나 앓았다. 병원에 입원하고 퇴원하고를 반복했다. 한번은 항생제 부작용으로 죽을 고비를 넘기기도 했다. 몸이 너무 약해져서 꽃집을 운영할 수가 없었다. 그래서 다시 가게를 접고 잠시 쉬는 시간을 가지려고 했다.

그때 그녀의 언니가 보육시설을 운영하기 위해 사회복지사 자격증을 가진 사람이 필요하다며 그녀에게 공부를 권유하였다. 보육시설 운영은 언니의 꿈이었는데 본인은 공부할 자신이 없으니 그녀에게 자격증을 따라고 한 것이다. 그녀는 반복된 세균성 뇌수막염을 앓으면서 기억력이 많이 저하되어 있는 상태였다. 하지만 모험을 하기로 결심했다. 그녀는 방송통신대학교 교육학과에 입학해서 공부를 시작했다. '생명의 전화'에 봉사도 나갔다. 생명의 전화에서 실시하는 상담 교육에 강사로 오셨던 교수님이 "방송통신대학교 교육학과를 졸업해서는 사회복지사 자격증을 취득할 수 없다"면서 ○○대학교에서 공부하여 사회복지사 자격증을 취득하라고 권하였다.

그녀는 2년제 ○○대학교 사회복지상담학과에 입학했다. ○○대학교 사회복지상담과에서 2년을 공부하고 졸업한 후 사회복지사 자격증을 취득하였다. 또한 방송통신대학교에서 이수한 학점과 직업상담사 자격증 취득이 학점으로 인정되어 평생교육진흥원 학점은행제를 통하여 3년 만에 학사자격을 취득하였다. 생명의 전화 교육을 받고 ○○대학교에서 상담 공부를 하면서 상담에 관심이 많아졌고 상담사로서 삶을 살고 싶다는 강한 욕구가 일어났다. 상담사로서 전문성을 갖추기 위해 전문적인 학습과 훈련에 도전하기로 하였다.

그녀가 상담사로서 전문성에 도전할 수 있게 용기를 낼 수 있었던 것은 ○○대학교에서 공부할 때의 경험 덕이었다. 상담에 권위 있는 교수님의 연구실 조교와 사회복지상담학회 간사로 2년간 근무한 것이다. 한 달에 한 번씩 교수님이 운영하는 집단 상담 프로그램에 참여할 수 있는 기회가 주어졌고 1년이 지난 후 교수님이 집단 상담 리더를 맡겨 주면서 자신감을 키워 갈 수 있었다. 열정이 있고 적극적인 그녀가 교수님 보기에 '저놈은 되겠다' 싶으셨던가 보다. 그렇게 집중적으로 상담 훈련을 받았다. 20시간, 30시간짜리 집단 상담을 빠짐없이 참여하고 리더로 집단 상담을 운영하다 보니 상담자로서 능력이 향상되기 시작하였다.

그녀가 교수의 꿈을 갖기 시작한 계기는 ○○대학교에 입학하고 한 달 즈음 되었을 때 생겼다. 그녀보다 몇 살 아래인 여자 교수님 강의하는 모습이 너무나도 멋있는 모습으로 다가왔다. 그때부터 그녀는 교수를 하고 싶다는 새로운 꿈이 생겼다. 교수가 되기 위해 박사 학위를 취득해야겠다고 결심하고 주변 사람들에게 공언하고 다녔다. 남편에게 자신의 꿈을 이야기했더니 그때부터 남편은 그녀를 '최 박사님'이라고 불러 주었다.

이런 행동들이 계기가 되어 교수님이 진행하는 진로가치명료화 프로그램에 참여할 기회가 주어졌다. 토요일에 함께 공부하고 있는 학우 두 명과 더불어 네 명이 하루 종일 가치명료화 작업을 했다. 만학도로 전문대학에서 학업을 시작하여 박사 학위를 취득하려고 하니 넘어야 할 과정이 만만치 않았다. 학사 취득, 대학원 석사과정 입학, 논문 통과, 석사 취득, 박사과정 입학, 논문 통과, 박사 학위 취득. 그리고 그 이후 전문대 교수 임용까지. 40대 초반 늦은 나이에 공부를 시작했기에 강의 전담 교수라도 좋다고 생각했다. 가치명료화 프로그램을 통해 꿈을 이루기까지 각 단계와 목표, 각 과정의 목표를 달성할 수 있는 날짜까지 정확하게 명시하여 계약서를 작성하였다. 남편의 동의와 지원이 가장 절실하기에 남편의 동의를 얻는 계약서가 가치명료화 프로그램 과정에 포함되어 있었다.

며칠 후 식사를 하면서 남편에게 "박사 학위를 취득하기까지 공부를 계속하려고 계획하고 있는데 가치명료화 계약서에 사인 좀 해 주세요" 하며 계약서를 내놓았다. 남편이 계약서를 읽고 난 후 화가 난 표정으로 자신을 무시하는 행동이라고 흥분하면서 이혼을 요구하였다. 남편의 흥분하는 모습에 기가 죽어 계약서에는 도장도 찍지 못하고 찢어 버리고 말았다. 꿈이 산산조각이 난 것 같았다. 가치명료화 작업을 해 준 교수님에게 전화를 하였다. "교수님" 하고는 울음이 나와 말을 잇지 못하였다. 한참을 울먹이다가 상황을 설명하니 가만히 듣고 있던 교수님이 말했다. "계약서가 중요한 게 아니다. 박사 학위를 취득하기까지 공부를 한다는 것은 매우 어려운 일이다. 공부를 하다가 끝까지 가지 못하면 공부에 미련을 두지 말고 다시 꽃집을 할 수 있게 돕기 위해 계약서를 작성하게 한 것이다"라고. 그리고 "계약서를 찢어도 할 사람은 한다. 소연 씨는 에너지가 높아서 적어도 석사까지는 할 사람이다"라고 격려해 주었다.

비록 계약서는 찢었지만 교수가 되고 싶다는 꿈이 워낙 간절하여 박사 학위에 대한 꿈을 버리지는 못했다. 틈만 나면 남편에게 석사까지만 하게 해 달라고 얘기했다. 남편도 석사까지는 지원하겠다고 약속했고 남편이 학비를 일부 지원해 주었다. 석사과정을 밟으면서 수시로 남편에게 말했다. "나는 박사 할 여자다. 박사하기 위해 태어난 여자다"라고 입버릇처럼 얘기했다. 어느 날 남편이 "박사하면 뭐 하려고?" 묻기에 "당신을 80세까지 먹여 살리지" 하고 대답했더니 남편이 웃으며 허락했다.

2011년 12월에 석사논문 통과 후에 취업을 위해 이리저리 알아보았다. 건강가정지원센터에 원서를 냈는데 나이가 많아 서류전형에서 탈락했다. 얼마나 실망을 했는지 모른다. 두 달 가까이 우울하게 지냈다. 그러던 중 우연히 고용노동부 구인구직 사이트인 워크넷에서 상담사를 모집한다는 구인광고를 보게 되었다. '워크넷에도 이런 전문직 구인광고가 올라오나? 사기 아닐까?'라고 생각했다. 목마른 사람이 우물 판다고 구인광고를 검색하고 확인해 보니 정말 상담사를 모집하고 있었다. 이력서를 넣었다. 한참 동안 소식이 없어서 포기하고 있었는데 갑자기 연락이 왔다. 그런데 바로 그날 저녁에 면접을 보자고 했다. 미용실에서 머리를 하던 중이라 "지금 복장이 엉망입니다. 면접을 볼 상황이 아닙니다. 다른 날짜로 정해 주면 가겠습니다"라고 했더니 괜찮다고 바로 오라고 했다. 단발머리를 밖으로 삐친 문어머리 모양으로 만들고 속눈썹 시술까지 한 터라 '완전 날라리' 모양새였다. 첫 이미지가 엉망이었다. 자신이 생각해도 '나를 채용하겠나?' 싶은 외모였다고 한다.

대표와 한 시간 동안 면접을 보고 난 후 소연 씨는 "지금 제가 불안합니다"라는 말로 당시의 심정을 솔직하게 털어놓았다. 대표가 "무엇이 불안하냐"고 묻기에 "정말 이 일을 하고 싶은데 나를 경험해 보지 않고 현재의 모습만 보고 나를 평가할까 봐 불안합니다"라고 했다. 사실 처음 그녀를 본 대표는 기가 막혔는데 이 말을 듣고 '이 사람, 뭔가 다르구나' 라고 생각했다고 한다. 그 후 두 번의 면접을 더 거쳤다. 이사와의 면접, 이사와 대표가 함께한 면접을 거친 후 합격 통지를 받았다. 어려운 과정이었지만 통과해서 너무 행복했다. 취업한 덕분에 박사과정은 남편의 도움 없이 소연 씨가 번 돈으로 다닐 수 있었다.

2012년 8월에 △△대학교 교육학과 박사과정에 입학했다. 그해에 ○○대학교에 시간강사로 강의를 나갔다. 박사과정을 공부하면서 맡은 강의라 힘이 들었지만 뿌듯했다. '내가 학생들에게 강의를 하다니….' 학생들이 교수님이라고 부를 때면 아직 시간강사이긴 하지만 꿈이 이루어진 듯했다. "엄마, 참 대단해요. 꽃집 아줌마가 교수님이 되다니." 그녀의 딸이 해 준 말이다.

그녀는 상담 공부를 하면서 가장 좋은 점은 자신이 변했다는 사실이라고 한다. 완벽주의 성향이 강했던 그녀 때문에 두 딸과 남편이 많이 힘들었다. 남편뿐만 아니라 애들도 불안이 컸다고 한다. 완벽주의 성향에서 자신이 편안해지니 가족들도 편안해졌다.

"아빠가 가장 잘한 일이 엄마 상담 공부 시킨 일이에요"라고 두 딸이 아빠를 칭찬한단다.

○○대학교에 입학할 때부터 지켜보던 교수님은 "소연 씨, before와 after가 이렇게 다른 사람은 처음 봤습니다. 인상부터 달라졌어요"라고 말했다. 함께 공부했던 동기들은 "사람이 40세가 넘어도 달라질 수 있나요? 고착화되어 변할 수 없다고 생각했는데 이렇게 변할 수 있군요"라고 한다. 그러나 정작 그녀는 "뭐가 변했다는 건지 모르겠어요. 나는 원래부터 이랬는데. 단지 나의 행복지수가 높아졌을 뿐이에요"라며 너스레

를 떤다.

남편과 말다툼을 하지 않은 지가 10년이 넘은 것 같다고 한다. 두 딸과의 관계도 좋아졌다. 예전에는 그녀가 딸들에게 일상을 물으면 "너무 깊이 알려고 하지 마. 다쳐"라며 대화를 하지 않으려고 했는데 언제부터인가 딸들이 스스로 엄마에게 걱정거리, 친구와의 갈등, 문제들을 얘기하고 도움을 요청하기 시작했단다. 이것이 상담 공부를 시작한 후 얻은 것 중에 최고라고 한다.

그녀는 2014년에 △△대학교 대학원 교육학과 박사과정을 수료하고 최근에 박사 논문이 통과되어 졸업을 했다. 직장과 가정일, 논문 작업 등을 병행하면서 시간에 쫓기고 힘이 부칠 때는 '안주해 버릴까' 하는 마음이 들기도 했지만 그녀가 꿈꾸었던 희망을 바라보면서 도전을 멈추지 않았다. 상담에 대한 수요가 증가하면서 대학교에 관련 학과나 강의가 늘어나고 있기에 그녀는 교수가 될 수 있다는 희망을 버리지 않는다. 또한 조만간 상담 자격증 가운데 최상급 자격인 슈퍼바이저 자격증을 취득할 준비가 되어 있다. 미래에는 상담센터도 운영하겠다는 당찬 포부를 가지고 오늘도 성실히 노력하고 있다.

경력단절을 겪은 여성들의 사회 진출을 위해 조언해 주고 싶은 말이 있는지 물으니 "아주 사소한 것부터 시작해 보라"고 한다. "현실적으로 지금 불가능한 것을 하려고 하면 위축되고 자신감과 자존감이 낮아진다. 가장 낮은 단위의 시작점을 찾아보라. 상담에 관심이 있다면 단행본 책이라도 읽어보고 부모교육 강좌, 상담 관련 교양 강좌를 우선 들어 보라. 일단 맛이라도 보는 것이 중요하다. 그다음 한 걸음씩 나가면 된다. 처음부터 몇 계단을 한꺼번에 올라가기는 힘들다. 한 번에 한 계단씩. 그것이 쌓이면 길이 열리게 된다"고 당부한다.

CHAPTER 2

60세면 어때?
나는 카페로 출근한다

"내겐 꿈이 있습니다."

60대에 브런치 카페를 창업해서 꿈을 이룬 강은숙 씨는 직장 경험이 없는 전업주부였다. 대학시절 남편에게 점 찍혀서 대학을 졸업하기도 전에 결혼을 했다. 세 남매를 키우는 동안 아내와 엄마의 역할을 최선을 다해서 잘해 내려고 노력했다. 살림도 정성껏 했고 아이들의 간식거리도 손수 해 먹였다. 빵이며 과자는 물론이고 치킨조차도 집에서 해 먹일 정도다.

은숙 씨는 직업을 가진 친구들을 보면서 사회생활에 막연한 동경을 가슴에 품고 지냈다. 결혼할 때 남편은 아이들이 좀 크고 나면 원하는 공부를 마저 하라고 했다. 그렇지만 아이들 키우느라 정신이 없어 잊고 지냈다.

30여 년 전, 은숙 씨가 30대 초반이던 시절 뭐라도 하고 싶은 마음에 제과학교에 가서 제과제빵을 배웠다. 원래 살림 솜씨가 있었고 아이들에게 과자며 빵이며 만들어 먹인 경험과 흥미가 있어서 빵집을 열어 볼 생각이었다. 그런데 마침 파리바게트, 뚜레쥬르 같은 체인점들이 물밀 듯이 생기면서 동네 빵집들이 문을 닫던 시기와 딱 겹쳐서 '아! 힘들겠구나' 생각하고는 포기했다.

은숙 씨도 50대에 접어들었다. 대기업 다니면서 3년 동안 유학 준비를 해 온 아들이 장학금을 받고 미국에 유학을 갔다. 유학 준비한다고 고생한 아들이 외국에 가서 홀로 지내면서 고생할 생각을 하니 마음이 편하지 않았다. 한편으로는 항상 뭔가 일을 해야겠다는 생각도 있었기에 요리를 배우러 갔다. '내가 잘하는 것을 하자. 유치원에 가서 애들 밥을 해 주자. 내가 손으로 만지는 걸 좋아하니까' 하는 마음으로 한식조리사 자격반 과정을 자비로 수강했다.

"내가 자비로 한식조리사 과정을 배우는데 친구들이 뭐라고 하냐면 어린이집이나 유치원에 가면 조리 외에 다른 일을 많이 해야 된다는 거예요. 애들 밥만 해 주는 것 같으면 애기들 키우는 마음으로 하겠는데 잡무를 많이 해야 된다고 하니 좀 망설이게 되더라고요."

그래서 예전부터 관심이 많았던 제과제빵을 다시 배우기로 결심했다. 제과제빵 학원을 알아보다가 국비 과정으로 양재를 배웠던 친구 생각이 났다. 은숙 씨도 국비 지원 과정을 알아보려고 고용노동부 고용센터를 찾아갔다.

"고용노동부에 가서 문을 두드리니까 되더라고요. 건강빵, 웰빙빵 과정이 있길래 배웠어요."

은숙 씨가 배운 웰빙빵 과정은 자격증 취득 과정은 아니었다. 은숙 씨는 수료 후 자격증을 취득하기로 결심했다. 빵을 먹고 나면 속이 안 편한데 웰빙빵은 하루, 이틀씩 숙성을 시켜 소화도 잘돼 제대로 해 보자는 생각이 들었다. 자격증반에 도전해서 처음에는 떨어지고 두 번째에 합격했다.

자격증을 따고 보니 뭔가를 해 봐야겠다는 생각이 더 확고해졌다. 웰빙반에서 가르쳐 주시던 선생님이 제과점을 운영하면서 일주일에 두 번씩 강의를 나왔었는데 그 선생님을 찾아갔다.

"선생님, 제가 식사를 대접하겠습니다" 하고는 함께 식사를 하면서 "선생님, 제가 꿈을 가지고 있습니다. 젊은 사람도 제과제빵은 힘이 들고 시험 치러 가도 제가 제일 나이가 많던데, 제가 이 나이에 되겠습니까?"라고 했더니 "아, 뭐 어때요? 다 할 수 있지요. 한번 해 보세요"라고 했다. 그 말에 용기를 얻었다. 선생님이 운영하는 제과점에서 한 달 동안 실습을 했다.

9시까지 와서 배우라고 했는데 8시에 갔다. 8시에 출근하는 직원이 있었는데 보조처럼 일했다. 실습생처럼 하면 그저 실습생일 뿐이기에 함께 일하는 동료처럼 열심히 일했다. 그랬더니 제과점에서 일하는 사람들이 호의적으로 대해 주었고 많은 것을 배울 수 있었다.

한 달 실습을 하고 나니 딸과 함께 베이커리 카페를 해 보면 좋겠다는 생각이 들었다. 그림을 그리는 딸은 커피를 좋아해서 바리스타 자격증을 갖고 있었다. 카페에 그림도 걸어 놓고 커피와 빵을 함께 판매하면 괜찮겠다 싶었다. 딸에게 제안을 했다. 딸은 엄마와 함께하는 것이기에 용기를 내서 하겠다고 했다. 은숙 씨는 딸과 함께였기에 카페를 시작할 수 있었다고 했다. 모녀가 서로를 지지해 주는 힘이 되었다.

은숙 씨는 베이커리 카페를 바로 시작하지는 않았다. 브런치 카페에 취업을 해서 두 달 동안 경험을 쌓았다. 브런치 카페에 취업을 할 때도 은숙 씨의 적극성이 빛을 발했다. 브런치 카페의 '직원 모집' 광고를 보고 무작정 전화를 걸어서 자기 PR을 했다. "제가 나이가 많은데 수프를 잘 끓여요" 했더니 무슨 수프를 잘 끓이냐고 했다. "마녀수프를 잘 끓여요" 했더니 마녀수프가 뭔지 묻길래 "마녀수프라고 있다"고만 대답했다. 마녀수프는 은숙 씨가 그림을 그리는 딸이 작업을 할 때 간편하게 먹으라고 만들어 주던 수프였다. 고기를 듬성듬성 썰어 넣고 푹 끓이다가 각종 채소를 넣고 끓이면 한 끼 식사가 된다.

마녀수프가 뭔지 브런치 카페 채용 담당자의 궁금증을 유발했던 모양이다. 면접을 보러 오라고 했다. 면접에서 즉석으로 마녀수프를 끓여 보라는 주문에도 당황하지 않고 끓여 냈다. 맛도 좋고 냄새도 좋다고 출근하라고 했다. 은숙 씨는 두 달간 월급을 받으며 일했다는 사실이 자랑스러웠다.

하지만 그녀의 첫 직장생활이 순조로운 것은 아니었다. 젊은 직원들과 갈등이 생긴 것이다. 브런치 타임은 10시 30분부터 오후 3시까지다. 어느 날 아침 9시 직전에 고객에게 브런치가 되는지 문의전화가 왔다. 은숙 씨는 이미 준비가 다 되어 있어서 음료 담당이 9시에 출근하면 할 수 있겠다 싶어서 '가능하다'고 했다. 여러 명이 온다고 하니까 '한 10만 원은 매상을 올리겠구나' 싶었다. 주인 같은 마음으로 조금이라도 더 팔고 싶어서 한 일이었는데 다른 직원들은 불편했던 모양이다.

음료 담당 젊은 직원이 "여사님, 9시에 손님 받아도 되는지 허락 받았어요? 다음부터는 그 시간에 브런치 해도 되는지 안 되는지 담당자한테 전화해 보고 하세요"라고 쏘아붙였다. 뭘 잘못했나 싶었다. 나중에 오신 사장님은 잘했다고, 다음에도 그렇게 하라고 했지만 같이 일하는 직원은 매장 오픈 시간이 있는데 왜 손님을 먼저 받았느냐는 입장이었다. 다음에 또 한 번 그렇게 했더니 직원들이 은근히 왕따를 시키기 시작했다. 뭔지 모르게 자꾸 신경이 쓰이고 불편했다. 딸에게 얘기했더니 "엄마, 그러면 왕따 시킬걸? 직원들 입장에선 싫지. 엄마가 사장도 아닌데 일을 시키는 거잖아"라고 했다.

은숙 씨는 브런치 카페를 그만두고 베이커리 카페 창업 준비를 본격적으로 했다. 브런치 카페에서의 경험도 창업에 많은 도움이 되었다. 주문 받고 서빙하는 기본적인 것부터 재료 관리, 매장 관리, 메뉴 선정 등 베이커리 카페 운영에 실질적인 도움이 되는 것들을 배웠다.

브런치 카페를 창업할 때 남편의 반대도 극복해야 했다. 남편은 나이 들어서 일을 시작하려는 은숙 씨에게 "뭐 하려고 고생하냐, 연금 조금씩 나오는 걸로 이렇게 살면 되지 고생길로 접어든다"며 반대했다. 남편의 반대에도 은숙 씨는 '이 나이에도 뭔가 할 수 있다'는 자신감이 들었다고 한다.

남편이 겉으로는 반대했지만 창업 아이템을 찾으려고 전국의 빵집을 돌아다닐 때 운전을 해 주면서 따라다녔다. "지나고 보니 남편이 은근히 나를 지켜봤던 것 같아요. 가만히 보니 여기서 주저앉지는 않을 것 같았나 봐. 창업자금으로 한도를 정해 주더라고. 이 정도 범위에서 하라고. 살면서 나에 대한 신뢰도 작용했을 테고. 살아온 거에 대한 보상이라고 봐야 되겠지요."

그렇게 남편의 지원을 받아 베이커리 카페를 열게 되었다. 남편에게 받은 돈만으로는 부족해서 중소기업 창업자금 대출을 받았다. 고용노동부에서 교육을 받을 때 창업자금을 안내 받았다. 혹시 자금이 부족할지도 모르겠다 싶어서 필요한 교육도 미리 받아 놓았다. 신용 조회 결과도 괜찮아서 낮은 이율로 대출을 받았다.

은숙 씨는 자신의 일을 찾기 위해 학원에 가서 젊은 사람들과 함께 배우는 과정이 즐거웠다고 한다. 배운다는 자체가 다시 젊어지는 기분이 들었다고 한다. 학원에서 가장 나이가 많았지만 선생님들이 와서 작업하는 것에 관심을 가져 주고, 학원 동료들이 "언니, 언니" 하는 것이 친근감 있고 생동감 있어서 좋았다고 한다. 자격증 시험에 합격하니 이 나이에 내가 합격했다고 자랑도 할 수 있었다. 딸이 "엄마, 대단하네"라고 칭찬하고 어린 손자 손녀가 "우리 할머니 짱이야, 자격증도 세 개나 있어"라는 말을 할 때 왠지 힘이 솟고 소속감이 느껴져서 기뻤다고 한다.

브런치 카페를 개업한 후 1주일 동안은 걱정이 돼서 잠이 안 왔다. '내가 왜 이걸 차렸지?' 싶었다. 손님이 없으니까 덜컥 겁이 났다. '뭐 하는 짓이지? 내가 우리 딸 어깨에 짐을 얹어 준 건 아닌가?' 그런데 딱 1주일 지나고 나니까 손님들에게 반응이 왔다. '친절하다더라, 분위기 좋다더라' 하고 입소문이 나면서 손님이 오기 시작하니 한숨 놓이더란다.

은숙 씨는 아침 9시에 카페에 출근한다. 문을 열고 들어서며 카페에 인사를 한다. "밤새 잘 있었니? 오늘도 잘하자." 정성껏 청소를 한 후 점심 무렵까지 빵을 구워 낸다. 다음 날 쓸 반죽을 준비해 두고는 집에 가서 한숨 돌리고 온다. 체력 관리를 위해 중간중간 쉬어 준다. 저녁 8시 무렵에 딸은 퇴근하고 은숙 씨는 11시까지 카페를 보다가 문을 잠그고 퇴근한다. 몸은 피곤하지만 내 집이라 생각하니 청소를 해도 즐겁고 설거지를 해도 즐겁단다.

날마다 갈 데가 있다는 것이 감사하다고 한다. 60대의 은숙 씨는 오늘도 '그녀'의 카페로 출근한다.

CHAPTER 3

다육이 키우다가 농원 사장으로

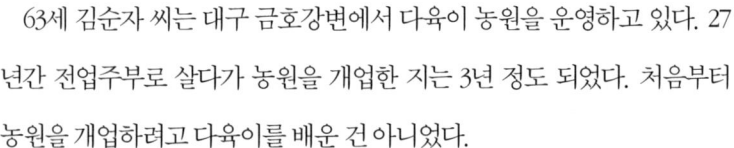

63세 김순자 씨는 대구 금호강변에서 다육이 농원을 운영하고 있다. 27년간 전업주부로 살다가 농원을 개업한 지는 3년 정도 되었다. 처음부터 농원을 개업하려고 다육이를 배운 건 아니었다.

순자 씨는 둘째 며느리로 시집와서 시부모님을 모시고 살았다. 결혼하고 3년 정도 지났을 때 시아주버님이 이혼하면서 조카 2명을 맡게 되었다. 시부모님, 조카 2명, 아들, 남편. 6명을 뒷바라지하면서 살림하느라 쉴 틈이 없었다.

몸과 마음이 힘들어 우울증이 걸릴 것 같아 식물을 키우기 시작했다. 처음에 분재로 시작해서 난, 수석으로 두루 취미생활 하다가 다육이를 키우게 됐다. 다육이를 키워 보니 재미가 있어 인터넷과 동호회 활동을 하면서 경험을 키웠다. 다육이 농원 구경하러 다니는 것이 취미였다. 유명한 다육이 농원을 구경하러 전국 안 가 본 데가 없다.

다육이 키우는 방법을 체계적으로 교육을 해 주는 곳이 없어서 경험으로 배웠다. 다육이를 집에 사 와서 키우다가 시들시들하면 농원에 들고 가서 물었다. 번식시키는 것도 물어물어 배웠다. 모르는 것은 적극적으로 물어보고 해 보는 것이 최고의 방법이다. 시행착오를 겪으면서 배우고 경험이 쌓이면서 어느 순간 자신이 생겼다. 다육이 전문가가 된 것이다.

조카 2명이 자라서 결혼하고 시어머니가 돌아가시자 여유 시간이 많아졌다. 2~3년 동네 친구와 어울려 점심도 먹고 놀러도 다녀 봤다. 모이면 하는 얘기는 뻔했다. 자식 자랑하고 남 얘기하고 연속극 얘기하고. 지금 생각하니 그렇게 허비한 시간이 아깝기만 하다.

다육이를 7~8년 정도 집에서 기르다 보니 다육이 분도 많아지고 욕심이 났다. 다육이 농원에서 1㎡당 3만 원에 빌려주는 키핑(Keeping) 매대를 몇 개 빌려서 다육이를 키웠다. 다육이 농원을 방문한 사람들이 구경하면서 한 개 두 개 사 가기 시작했고, 자연스레 손님이 늘어 창업을 하게 되었다.

초기 투자비용은 하우스 1동에 1,500만 원, 다육이 구입비용이 1억 원 정도 들었다. "창업 후 1년 동안은 투자가 필요하다. 일단은 버텨야 한다. 어린 다육이를 몇 년 묵혀서 잘 키우면 효자 노릇을 한다"고 조언한다.

김순자 씨는 다육이 욕심이 대단하다. 아들이 미국에서 공부한 후 직장을 구해 미국에서 살고 있다. 1~2년에 한 번씩 아들을 만나러 미국에 가면 샌디에이고, 샌프란시스코 등으로 다육이를 구하러 다닌다. 잘 키운 다육이와 귀한 종자를 많이 가지고 있는 것이 김순자 씨의 경쟁력이다. 대구에 있는 점포에 충주, 청주, 대전, 구미, 부산, 경기도 하남, 성남, 땅끝마을 해

남에서까지 구경하러 올 정도다.

　업으로 한 지는 3년 정도 되었다. 성수기인 4~7월은 밥 먹을 시간이 없을 정도로 바쁘다. 여름, 겨울은 비수기라 상대적으로 한가하다. 한 달 생활비를 남편한테 손 벌리지 않고 순자 씨가 번 돈으로 쓴다. 자신이 번 돈으로 남편 옷도 사 주니 떳떳하고 당당하다고 한다. 남편이 은퇴할 때가 되니 이제는 오히려 남편이 순자 씨에게 많이 의지한다.

　김순자 씨는 몇 년만 더 빨리 창업했더라면 얼마나 좋았을까 하고 후회가 된다고 한다. 취미생활을 7~8년 동안 했는데 그러지 말고 3년 정도 됐을 때 창업해도 되었을 것을 당시에는 겁이 나서 시작하지 못했다고 시간을 아까워한다. 나이가 들어 갈수록 힘이 부치는 게 느껴져서 다육이 창업을 하려는 사람에게는 조금이라도 더 젊었을 때 시작하라고 조언한다.

CHAPTER 4

삼남매 키워 놓고 부동산중개사

전화가 울린다.

"여보세요. 예, 사모님! 2층 상가요? 있어요. 뭐 하실 건데요? 예~ 그거 하면 괜찮아요. 세는 1000에 70이에요. 어디요? 아~거기? 거기는 약간 더 싸요. 1000에 50이고 비어 있어서 언제든 볼 수 있어요. 예~ 한번 보러 오세요."

고객의 물음에 술술 막힘이 없다. 이미 눈치챘겠지만 그녀의 직업은 부동산중개사다.

59세 김순남 씨는 시동생과 함께 부동산 사무실을 운영하고 있다. 그녀는 주로 아파트를 담당하고 시동생은 상가와 토지를 담당한다. 오늘은 토요일이라 시동생은 쉬고 그녀가 사무실을 지킨다. 상가는 시동생의 영역이지만 고객의 문의에 척척박사처럼 대답한다.

그녀는 고등학교를 졸업하고 일을 하다가 27세에 결혼했다. 결혼하면서도 일을 계속하고 싶었지만 남편이 반대해서 포기했다. 아들 하나와 딸 둘을 낳았다. 아이들 초등학교 공부는 그녀가 책임지고 시켰다. 애들 키우면서 틈틈이 집에서 하는 부업을 했지만 어디 나가서 일하는 건 꿈도 못 꾸었다.

2001년에 큰아들이 고등학교 1학년, 둘째 딸이 중학교 1학년, 막내딸이 초등학교 1학년에 입학하면서 그녀도 방송통신대학교 국어국문학과에 입학했다. 저녁 해 먹고 아이들 숙제 봐주고 나면 9시. 그때부터 자신의 공부를 시작했다.

주방 한편에 앉은뱅이 책상을 마련해 매일 새벽 2시까지 공부했다. 고등학교에 입학한 큰아들이 새벽 5시에 깨워 달라고 해서 그녀는 겨우 3시간 남짓밖에 자지 못했다. 1주일에 한 번은 방송통신대학교 학습관에 가서 동기들과 스터디를 했다. 그렇게 4년을 공부하고 2004년에 방송통신대학교를 졸업했다.

그녀의 성실함은 대단하다. 방송통신대학 공부는 쉽게 보면 큰 코 다친다. 학점 따고 졸업하기가 쉽지 않다. 혼자서 하는 공부라 꾸준히 해내기도 어렵다. 방송통신대학을 유급하지 않고 4년 만에 졸업했다면 자기 관리 능력이 탁월한 사람이다. 뭘 해도 해낼 사람이다.

방송통신대학교를 졸업한 후 1년 동안은 어영부영 보냈다. 그녀의 친부모님과 시댁 부모님이 아파서 돌보느라 정신이 없었다. 그래서 "이제 뭘 할까" 고민하며 1년을 보내고 2006년에 공인중개사 공부를 시작했다.

공인중개사 공부는 매일 새벽 1시까지 했다. 방송대 공부할 때보다 나이가 들어서 그랬는지 새벽 2시까지 공부하는 건 어려웠다. 그래도 꾸준히 새벽 1시까지 했다. 엉덩이가 아파서 이불을 3개씩 깔고 앉았다. 나중에는 등받이가 낡아서 해졌다. 딸애가 그걸 보고 "엄마, 등받이가 다 닳았어"라고 했다.

엄마가 열심히 하는 걸 보고 애들도 자기 맡은 공부를 잘해 주었다. 큰아들은 의대를 가서 지금은 의사다. 둘째 딸은 유치원 교사이고 막내딸은 공무원 시험에 합격했다. 등받이가 닳을 정도로 열심히 공부하는 엄마를 보면서 애들이 영향을 받지 않을 수가 없다. 부모가 아이들의 거울이기 때문이다.

그렇게 2년을 공부하고 부동산중개사 시험에 합격했다. 2007년 10월에 시험을 치고 집에 와서 혼자 채점해 보니 합격이었다. 2007년 11월에 합격증도 나오기 전에 일하러 나갔다. 처음부터 개업을 염두에 두고 경험부터 쌓기로 했다. 수입은 신경 쓰지 않고 부동산 사무실에 실장 자리를 구해 취업하려고 했다.

방송통신대학교 다니는 것부터 적극 반대했던 남편이 이번에도 반대하고 나섰다. "내 할 일 알아서 할 테니 걱정하지 마세요. 돈 벌어 오면 좋잖아요" 했더니 남편은 "돈은 무슨 돈! 돈 벌러 갈 필요 없다"며 반대했다.

그녀는 굴복하지 않고 일을 구했다. 집안일 혼자서 다 하고 출근해서 일하고 집에 가서 저녁하고 애들 뒷바라지했다. 얼마나 힘들었을까? 요즘에는 맞벌이가 보편화되었지만 그녀의 시절에는 맞벌이하는 사람이 귀했던 시절이다. 맞벌이에 대한 문화도 보수적이어서 "남편이 벌어다 주는 돈으로 살림만 잘하면 되지 여자가 무슨 직장생활이냐? 애들이나 잘 키워라"는 말이 보통이었다.

그렇게 반대하는데도 굳이 일하러 나온 이유가 뭘까?

"집에서 살림만 하고 살기에는 억울하잖아요." 그녀의 대답이다. "뭔가를 할 수 있는데 그냥 주저앉을 수 없잖아요. 남은 세월이 아까웠어요. 결혼하면서도 일하고 싶었는데 맏며느리였고 남편도 일하지 말라고 해서 집에 있었지요. 애들은 예체능 학원에만 보냈지 공부는 내가 다 가르쳤어요. 중학교 가면서 학원을 보냈지요."

그녀는 가만히 못 있는 성격이다. 적극적이고 자기 성취 욕구가 강하다. 그런 사람이 집 안에 있으니 오죽 답답했으랴. 그러니 반대를 상관하지 않고 치열하게 공부해서 공인중개사 자격증을 딴 것이리라.

"그때만 해도 앞일이 캄캄하지 않고 열심히만 하면 훤히 될 것 같았어요." 공부하느라 고생했던 것이 고생으로 느껴지지 않는 모양이다. 지금도 그녀는 긍정적이다. 언제나 웃음을 띠고 고객을 맞이한다.

1년 6개월의 실장 경험을 쌓고 2009년에 부동산 공인중개사 사무실을 인수했다. 부동산중개사 일은 생각보다 스트레스가 심하다. 큰돈이 왔다 갔다 하는 일이라 손님들이 까다롭게 굴 때도 많다. 그만큼 신경이 쓰인다.

개업 초창기에는 손님들이 터무니없이 화를 내면 같이 소리 치고 싸우기도 했다. 그녀가 최선을 다해 고객이 만족할 만큼 처리했다 싶은 건에서 오히려 딴지를 거는 손님에게는 배신감도 느꼈다. 스트레스가 심해 병원 치료도 받았다. 어지럽고 오후 5시만 되면 머리가 터질 듯이 아파서 병원에 가서 검사를 했다. 검사 결과는 이상이 없었는데 머리는 너무 아팠다. 몇 달 동안 약을 먹었다. 아마 스트레스 때문이었나 보다.

지금은 손님의 불평과 트집을 받아들이는 능력이 생겼다. 나이도 들고 경험이 쌓이니 마음 수양이 됐나 보다. 손님의 입장을 이해하려고 한다. 그러다 보니 단골이 많다. 알아서 맡겨 주는 분들이 고마워서 더욱 정성껏 처리해 준다.

그녀는 부동산중개사 일을 재미있어 한다. 부동산중개사 시험 공부할 때 꿈속에서도 공부를 했다. 부동산 공법을 꿈속에서 제일 많이 공부했단다. 지금도 가끔 자면서 부동산 소개를 한다. "이 물건 한번 보실래요?" 하고 잠꼬대 한다고 남편이 놀린다. 그녀의 열성은 알아줘야 한다.

그녀는 부동산중개사 일이 적성에 맞아서 만족하고 앞으로도 계속 할 생각이다. 상담을 하다 보면 집만 사고파는 것이 아니라 개인사가 다 나오게 되는데 거기 맞춰서 알맞은 물건을 소개해 주는 일에 보람도 느낀다.

"성취감을 느껴서 좋아요. 계약해서 마무리를 잘하면 뿌듯해요. 또 부동산중개사로 일을 하면서 막내딸의 교육비는 전부 제가 해결했어요. 중학교 때 학원비부터 대학교 등록금, 용돈까지 제가 책임졌어요." 그녀의 성취감과 자부심이 느껴지는 말이다.

CHAPTER 5

50대에 천연비누 공방을 연 아줌마

"내 평생 처음이자 마지막 직업이에요."

대구에서 천연비누 공방을 하는 62세 석유진 사장의 말이다. 그녀는 전업주부로 지내다가 가족의 반대를 무릅쓰고 50대 후반에 비누 공방을 창업했다. 늦은 나이에 시작했지만 자리를 잘 잡아 수입도 괜찮고 일에 대한 자부심도 강하다.

마지막 직업이라고 말하는 이유를 물으니 이렇게 대답한다. "나는 지금 이 직업이 너무 좋아요. 내가 하고 싶은 거 하고 있으니까요. 창의적이고 나에게 잘 맞고요. 전문가잖아요. 아로마테라피스트! 내 분야에서는 누가 어떻게 하든지 내가 많이 알고 있어 자신 있어요."

그녀는 1997년에 독일 함부르크를 여행하던 중 천연화장품을 처음 접했다. "1997년이면 오래전이잖아요? 벌써 20년 전인데도 독일에는 천연제품이 확산되어 있었어요. 많은 사람들이 천연 화장품과 비누를 만들어

쓰고 있더라고요. 굉장히 인상이 깊었고 관심을 가지게 되었어요." 독일을 다녀온 후에 화학제품을 멀리하고 환경적으로 좋은 것을 써야겠다는 마음이 들었다. 그래서 문화센터에서 천연 화장품 취미과정을 수강했다.

"처음에는 수박 겉핥기 식이었지요. 2007년 즈음이었어요. 당시에 손녀를 돌봐주고 있었는데 손녀의 허벅지에 아토피가 생겼어요. 낫게 해 주고 싶었어요. 아로마테라피를 제대로 배워 보자 생각했죠. 그래서 대구에 있는 ○○협회의 아로마테라피스트 과정을 듣고 자격증을 땄지요. 그런데 자꾸 궁금한 게 많아졌어요. 다른 전문 과정을 찾아다니며 배웠어요. 대구에서 서울까지 다니며 창업 과정, 자격증 과정을 배우고 환경단체에서 운영하는 과정도 듣고 신부님이 성당에서 운영하는 과정까지 들었어요. 천연 화장품을 파고들어가 공부했지요."

그녀의 탐구열은 대단했다. 5가지 단체에서 아로마테라피스트 자격증을 땄을 정도다. 얼마 전에는 국제코스메틱 자격증까지 땄다. 수강료도 많이 들어갔고 시간도 많이 투자했다.

"다 배워 보니 맥은 한 맥이에요. 모르다 보니 다 했죠. 궁금증이 해소되지 않아서, 더 알고 싶어서 다 배웠어요. 그러면서 많은 것을 얻었고 아로마의 위력을 확실히 알게 되었어요. 아로마의 위력은 굉장해요!"

그녀는 자신이 하는 일에 대한 믿음이 강하다. 그런 믿음이 창업의 원동력이 되었다. 어느 날 친구가 업으로 해 보라고 조언을 했다. '천연 제품을 많이 알리고 펼쳐야겠다. 이 분야는 나도 전문가다. 실력으로는 자신 있다'는 생각에 창업을 결심했다.

그때 석 사장의 나이는 57세였다. 창업을 얘기하니 집안의 모든 사람이 반대했다. 남편은 "뭘 지금 한다고! 하지 마! 손녀 잘 키우고 부모님 뒷바라지나 잘 해!" 하면서 못하게 했다. 두 딸과 두 아들은 "엄마가 사업을 어떻게 해. 할 수 없어. 그냥 다 갖다 퍼 주려고?" 하면서 반대했고, 시부모님의 반대는 더욱 심했다.

"모든 가족이 내게 기존의 역할을 충실히 해 주길 원했어요. 아내, 며느리, 엄마, 할머니의 역할이죠. 내가 그걸 제대로 하지 않으면 가족들이 불편하잖아요. 그런데 나는 가게를 정말 하고 싶었어요."

그녀는 창업을 실행에 옮겼다. 남편이 도와주지 않으니 돈이 문제였다. 대출하고 비자금 보태서 가게를 얻고 아로마 재료를 샀다. 2013년 6월 말에 개업을 했다. 그녀는 손님에게 첫 물건을 팔고 돈을 받았을 때의 설렘을 이렇게 회상한다. "그때가 6월 말이니까 옷이 얇잖아요. 돈을 받았는데 제 가슴이 얼마나 뛰던지 겉옷이 파들파들 떨리더라니까요?"

처음에는 그녀도 많이 두려웠다. 실패하면 가족한테 쌓아 온 이미지가 한 번에 끝나니까 최선을 다하면 되겠지 싶었다. 너무 하고 싶었고 자신보다 공부 안 하고 부족한 사람도 많은데 자기가 왜 못할까, 할 수 있다고 스스로 다짐했다고 한다.

손님이 비누 한 장을 사러 오면 비누 한 장을 팔기 위해서가 아니라 알고 있는 정보를 정확히 전달하고 천연 제품의 좋은 점을 효과적으로 설득했다. 처음에는 비누를 1~2장씩 사 가던 손님이 나중에는 1kg씩 사 갔다. 한 번 써 본 사람이 손님을 데리고 왔다. 석 사장은 웬만하면 비누를 직접 만들어 가라고 권한다. 만들어 보면 소중한 줄 알기 때문이다. 첨가물도 확인하고 어떤 오일을 쓰는지, 천연 제품을 쓰는지 직접 알 수 있고 가격도 훨씬 저렴하기 때문이다.

개업 후에도 남편은 계속 반대했다. 3개월 안에 정리 안 하면 불 질러 버리겠다고 엄포까지 놓았다. 하지만 꾸준히 일하고 재미있어 하는 모습을 본 남편이 나중에는 그냥 내버려 두었다. 지금은 오히려 많이 협조해 주고 있다.

그녀의 남편은 섬유업체를 운영했다. 2005년에 섬유 경기가 어려워지면서 일찍 회사를 정리했다. 남편의 나이 50세였다. 시간이 많아지자 부부가 함께 도자기도 배우고 놀러도 다녔다. 벌어 놓은 돈을 빼 쓰려니 돈이 하염없이 들어갔다. 석 사장은 천연비누 공방을 시작한 후에는 자질구레한 생활비는 알아서 해결했다. 남편은 아내가 돈 달라는 소리를 안 하니 이상하게 생각하면서도 도움이 되니까 내버려 뒀다. 요즘은 유진 씨가 몸살이라도 나서 가게에 안 나가고 있으면 '왜 안 나가냐'고 독촉할 정도라고 한다.

그녀의 사업이 평탄하기만 했던 것은 아니다. 집에만 있던 주부가 경험 없이 시작한 일이라 7개월 만에 보증금을 날렸다. 근저당설정된 상가에 들어갔는데 경매로 상가가 넘어가 보증금, 권리금, 인테리어비용 등 2,000~3,000만 원을 날리고 이전했다.

그러나 매달 수입이 창출되고 있었고 이미 가게 운영에 자신이 붙어 있었기에 연습이라 생각했다. 가게는 규모를 더 넓혀서 이전했고 그 자리에서 지금까지 운영하고 있다.

그녀의 공방이 자리 잡게 된 비결은 꾸준한 공부다. 전문가가 되기 위한 끊임없는 노력이 그녀의 창업을 성공으로 이끌었다. 지금도 그녀는 한 달에 2~3회는 대구에서 서울을 오가며 교육을 받고 천연 제품의 흐름과 공산품 정보를 수집한다.

"전문가라면 누가 질문을 하든 더듬거리지 않고 대답할 수 있어야 해요. 그러기 위해선 계속 공부해야 해요." 석 사장의 말이다.

그녀는 매일 갈 곳이 있다는 것이 행복하다. 단장해서 출근하고 자신의 일이 있다는 것이 소중하다. 그녀의 공방은 주부들의 사랑방이 되었다. 슬픈 이야기, 좋은 이야기 모두 쏟아놓는다. 그러면 석 사장은 좋은 차를 내준다.

"시작이 반이라는 말이 정말 좋아요. 두려워하지 말고 시작하라고 권하고 싶어요. 처음부터 너무 많은 것을 얻으려 하면 좌절이 돼요. 시작하기에 너무 늦다고 실망하지 말고요. 지금 안 하면 언제 해요?" 주부들에게 해주고 싶은 말이란다.

고용노동부에서는 경력단절여성의 취업을 위한 다양한 지원 사업을 실시하고 있다. 고용복지플러스센터에서는 고용노동부와 참여기관이 한 공간에서 고용 서비스와 복지 서비스를 제공하고 있다. 고용복지플러스센터의 참여기관은 각 지역마다 다소 차이는 있으나 주로 지방자치단체의 일자리센터, 복지서비스 담당, 여성새로일하기센터, 중장년일자리센터, 신용회복위원회, 서민금융센터 등이다.

고용복지플러스센터를 방문하면 적성검사, 취업알선, 동행면접 등의 취업 지원 서비스를 받을 수 있다. 취업 의욕, 취업 기술, 의사소통 능력을 향상할 수 있는 집단 상담 프로그램 참여도 가능하다. 또한 취업성공패키지 프로그램은 저소득 취업취약계층, 청년, 중장년 미취업자를 대상으로 최장 1년간 맞춤형 취업 지원 프로그램을 운영한다. 실업자 내일배움카드 제도는 취업 능력 향상을 위한 다양한 훈련과정을 수강할 수 있도록 지원하고 있다. 상세한 내용은「부록 2. 경력단절여성을 위한 취업(창업) 지원제도」를 참고하기 바란다.

여성가족부에서는 결혼, 임신, 출산, 육아 등으로 경력이 단절된 여성 등에게 취업 상담, 직업교육훈련, 인턴십, 취업 후 사후관리 등 종합적인 취업 서비스를 지원하고 있다. 온라인 경력개발센터(꿈날개)를 통해 취업 역량 진단과 취업 상담, 온라인 교육 등 맞춤형 온라인 취업 지원 서비스를 제공한다. 그 밖에 공동육아나눔터, 아이돌봄 지원 사업도 운영하고 있다. 상세한 내용은「부록 2. 경력단절여성을 위한 취업(창업) 지원제도」를 참고하기 바란다.

부록

부록 1
전국 고용지원센터 연락처

권역	고용센터명	관할 지역	주소	전화번호
서울	서울고용복지+센터	동대문구, 종로구, 중구	서울 중구 삼일대로 363, 1~4층	02) 2004-7301
	서울서초고용센터	서초구	서울 서초구 반포대로 43	02) 580-4900
	서울강남고용복지+센터	강남구	서울 강남구 대치동 테헤란로 410, 7~10층	02) 3468-4794
	서울동부고용복지+센터	강동구, 광진구, 성동구, 송파구	서울 송파구 중대로 135, IT벤처타워 동관 3~5층	02) 2142-8924
	서울서부고용센터	마포구, 서대문구, 용산구, 은평구	서울 마포구 마포대로 63-8	02) 2077-6000
	서울남부고용센터	양천구, 영등포구	서울 영등포구 선유로 120	02) 2639-2300
	서울강서고용복지+센터	강서구	서울 강서구 양천로57길 10-10, 탐라영재관 2~3층	02) 2063) 6700
	서울북부고용센터	강북구, 노원구, 도봉구, 성북구, 중랑구	서울 노원구 노해로 450, 해정빌딩	02) 2171-1700
	서울관악고용복지+센터	관악구, 구로구, 금천구, 동작구	서울 구로구 디지털로34길 27, 2~3층	02) 3282-9200
인천 경기	인천고용복지+센터	남구, 남동구, 동구, 연수구, 옹진군, 중구	인천 남동구 문화로 131	032) 460-4701
	인천북부고용복지+센터	계양구, 부평구	인천 계양구 장제로 804, 영산빌딩 2~5층	032) 540-5641
	인천서부고용복지+센터	강화군, 인천 서구	인천 서구 서곶로 299, 서구청 제2청사 7~10층	032) 540-2001
	부천고용복지+센터	부천시	경기 부천시 길주로 351	032) 329-8900
	김포고용복지+센터	김포시	경기 김포시 김포한강4로 125, 월드타워빌딩 3~5층	031) 999-0900
	의정부고용복지+센터	의정부시, 포천시	경기 의정부시 시민로 49, 1~2층	031) 828-0900
	구리고용복지+센터	구리시	경기 구리시 건원대로 44, 태영빌딩 2층	031) 560-5800
	남양주고용복지+센터	남양주시	경기 남양주시 경춘로 953, 금마루빌딩 3,4층	031) 560-1919

인천경기	동두천고용복지+센터	동두천시, 연천군, 철원군	경기 동두천시 삼육사로 984, 서경코아 3층	031) 860-1700
	고양고용복지+센터	덕양구, 일산동구, 일산서구	경기 고양시 일산동구 고봉로 32-16	031) 920-3937
	파주고용복지+센터	파주시	경기 파주시 중앙로 328, MH타워 8층	031) 860-0401
	수원고용복지+센터	수원시, 화성시 일부 지역(기산동, 능동, 동탄면, 반송동, 반월동, 반정동, 병점동, 석우동, 영천동, 오산동, 진안동, 청계동)	경기 수원시 팔달구 경수대로 584	031) 231-7864
	용인고용복지+센터	기흥구, 수지구, 처인구	경기 용인시 기흥구 강남로 3, 4층	031) 289-2210
	화성고용복지+센터	화성시(기산동, 능동, 동탄면, 반송동, 반월동, 반정동, 병점동, 석우동, 영천동, 오산동, 진안동, 청계동 제외)	경기 화성시 봉담읍 동화길 85	031) 290-0800
	성남고용복지+센터	분당구, 수정구, 중원구	경기 성남시 분당구 성남대로 146	031) 739-3177
	광주고용복지+센터	광주시, 양평군, 하남시	경기 광주시 광주대로 62	031) 799-2760
	이천고용복지+센터	여주시, 이천시	경기 이천시 이섭대천로 1309	031) 644-3820
	안양고용복지+센터	과천시, 군포시, 안양시 동안구·만안구, 의왕시	경기 안양시 만안구 안양로 303, 메쎄포스빌타워 3~4층	031) 463-0700
	광명고용복지+센터	광명시	경기 광명시 시청로 15, 1~2층	02) 2680-1500
	안산고용복지+센터	단원구, 상록구	경기 안산시 단원구 원고잔로 11	031) 412-6600
	시흥고용복지+센터	시흥시	경기 시흥시 마유로 418번길 18, 3층	031) 496-1900
	평택고용복지+센터	평택시	경기 평택시 경기대로 1194, 장당프라자 2층	031) 686-1705
	안성고용복지+센터	안성시	경기 안성시 안상맞춤대로 984	031) 671-1921
	오산고용복지+센터	오산시	경기 오산시 경기동로 51	031)8204-9805
	양주고용복지+센터	양주시	경기 양주시 부흥로 1533	031) 849-2330
강원	춘천고용복지+센터	가평군, 양구군, 인제군, 춘천시, 홍천군, 화천군	강원 춘천시 퇴계농공로 9, 2~5층	033) 250-1900
	강릉고용복지+센터	강릉시, 동해시	강원 강릉시 강릉대로 176	033) 610-1919
	속초고용복지+센터	고성군, 속초시, 양양군	강원 속초시 동해대로 4178, 3층	033) 630-1919
	원주고용복지+센터	원주시, 횡성군	강원 원주시 서원대로 383	033) 769-0900

강원	태백고용복지+센터	태백시	강원 태백시 번영로 341	033) 552-8605
	삼척고용복지+센터	삼척시	강원 삼척시 중앙로 214	033) 570-1900
	영월고용복지+센터	영월군, 정선군, 평창군	강원 영월군 영월읍 단종로 8	033) 371-6260
부산경남	부산고용복지+센터	남구, 동구, 부산진구, 서구, 연제구, 영도구, 중구	부산 부산진구 중앙대로 993	051) 860-1919
	부산동부고용복지+센터	금정구, 기장군, 동래구, 수영구, 해운대구	부산 수영구 수영로 676	051) 760-7100
	부산북부고용복지+센터	강서구, 북구, 사상구	부산 북구 화명대로 9	051) 330-9900
	부산사하고용복지+센터	사하구	부산 사하구 낙동남로 1427 삼성전자빌딩 6층	051) 520-4900
	창원고용복지+센터	성산구, 의창구, 진해구	경남 창원시 성산구 마디미서로 60, 1~7층	055) 239-0900
	마산고용복지+센터	의령군, 창녕군, 창원시 마산합포구·마산회원구, 함안군	경남 창원시 마산회원구 3·15대로 628, 3층	055) 259-1500
	울산고용복지+센터	남구, 동구, 북구, 중구, 울주군	울산 남구 화합로 106	052-228-1919
	김해고용복지+센터	김해시	경남 김해시 호계로 441	055) 330-6400
	밀양고용복지+센터	밀양시	경남 밀양시 백민로 69, 2층, 4층	055) 350-2800
	양산고용복지+센터	양산시	경남 양산시 중부로 10	055) 379-2400
	진주고용복지+센터	사천시, 산청군, 진주시	경남 진주시 진양호로 563, 2~5층	055) 753-9090
	하동고용복지+센터	남해군, 하동군	경남 하동군 진교면 민다리안길 61-3	055) 884-5712
	거창고용복지+센터	거창군, 함양군, 합천군	경남 거창군 거창읍 송정8길 6	055) 943-0719
	통영고용복지+센터	고성군, 통영시	경남 통영시 광도면 죽림1로 69	055) 650-1800
	거제고용복지+센터	거제시	경남 거제시 서문로5길 6, 우형빌딩 3층	055) 730-1919
대구경북	대구고용복지+센터	수성구, 중구	대구 수성구 동대구로 392	053) 667-6000
	경산고용복지+센터	경산시, 영천시, 청도군	경북 경산시 중앙로 85, 3~4층	053) 667-6800
	대구강북고용복지+센터	북구, 군위군	대구 북구 칠곡중앙대로 318	053) 606-8000
	대구동부고용복지+센터	동구	대구 동구 아양로 22	053) 667-6900
	대구서부고용복지+센터	남구, 달서구, 서구	대구 서구 서대구로 9	053) 605-6500

대구경북	대구달성고용복지+센터	고령군, 달성군	대구 달성군 논공읍 논공중앙로34길 1	053) 605-9410
	칠곡고용복지+센터	성주군, 칠곡군	경북 칠곡군 왜관읍 중앙로 146	054) 970-1919
	포항고용복지+센터	영덕군, 울릉군, 울진군, 포항시 남구, 포항시 북구	경북 포항시 북구 중흥로 21	054) 280-3000
	경주고용복지+센터	경주시	경북 경주시 원화로 396, 3,7,8층	054)778-2500
	구미고용복지+센터	구미시	경북 구미시 백산로 118	054) 440-3300
	김천고용복지+센터	김천시	경북 김천시 신양2길 46	054) 429-8900
	영주고용복지+센터	봉화군, 영주시	경북 영주시 번영로 88	054) 639-1122
	문경고용복지+센터	문경시, 상주시	경북 문경시 매봉1길 67, 문경시산림조합 3~4층	054) 559-8200
	안동고용센터	안동시, 영양군, 예천군, 의성군, 청송군	경북 안동시 경동로 400	054) 851-8061
광주전라	광주고용복지+센터	곡성군, 구례군, 나주시, 남구, 담양군, 동구,북구, 서구, 장성군, 화순군	광주 북구 금남로 121	062) 609-8500
	광주광산고용복지+센터	광산구, 영광군, 함평군	광구 광산구 하남대로 154	062) 960-3200
	전주고용복지+센터	무주군, 완주군, 임실군, 장수군, 전주시 덕진구·완산구, 진안군	전북 전주시 덕진구 태진로 114	063) 270-9100
	남원고용복지+센터	남원시, 순창군	전북 남원시 향단로 39, 1층	063) 630-3900
	정읍고용복지+센터	정읍시	전북 정읍시 수성택지3길 28, 1층	063) 530-7500
	익산고용복지+센터	익산시	전북 익산시 익산대로52길 11	063) 840-6500
	김제고용복지+센터	김제시	전북 김제시 화동길 105, 2층	063) 540-8400
	군산고용복지+센터	군산시	전북 군산시 조촌로62	063) 450-0600
	부안고용복지+센터	고창군, 부안군	전북 부안군 번영로 145, 2층	063) 580-0501
	목포고용복지+센터	목포시, 무안군, 신안군, 영암군, 진도군	전북 목포시 평화로 5	061) 280-0500
	해남고용복지+센터	강진군, 완도군, 장흥군, 해남군	전남 해남군 해남읍 중앙1로 61	061) 530-2900
	순천고용복지+센터	고흥군, 보성군, 순천시	전남 순천시 충효로 147	061) 720-9114
	여수고용복지+센터	여수시	전남 여수시 웅천북로 33, 2층	061) 650-0155
	광양고용복지+센터	광양시	전남 광양시 중마로 410, 커뮤니티센터 8~9층	061) 798-1900

대 전 충 청	대전고용복지+센터	금산군, 대덕구, 동구, 서구, 유성구, 중구	대전 서구 문정로 56	042) 480-6000
	공주고용복지+센터	공주시	충남 공주시 번영1로 46, 5층	041) 851-8501
	논산고용복지+센터	계룡시, 논산시	충북 논산시 시민로 210번길 14-8	041) 731-8600
	세종고용복지+센터	세종특별자치시	세종 조치원읍 터미널안길 60	044) 865-3219
	청주고용복지+센터	괴산군, 보은군, 증평군, 진천군, 상당구, 서원구, 청원구, 흥덕구	충북 청주시 서원구 1 순환로 642	043) 230-6700
	옥천고용복지+센터	영동군, 옥천군	충북 옥천군 옥천읍 삼양로 91	043) 730-4104
	천안고용복지+센터	당진시, 예산군, 동남구, 서북구	충남 천안시 서북구 동서대로 163, 2~5층	041) 620-7400
	충주고용복지+센터	충주시	충북 충주시 국원대로 13	043) 850-4000
	제천고용복지+센터	단양군, 제천시	충북 제천시 내토로 441	043) 650-9310
	음성고용복지+센터	음성군	충북 음성군 금왕읍 무극로 213, 2층	043) 880-8600
	보령고용복지+센터	보령시, 부여군, 서천군, 청양군, 홍성군	충남 보령시 보령남로 26	041) 930-6200
	서산고용복지+센터	서산시, 태안군	충남 서산시 호수공원1로 22	041) 661-5600
	아산고용복지+센터	아산시	충남 아산시 시장길 29, 아산시민문화복지회관(지상 2층, 4층)	041) 570-5500
제 주	제주특별자치도 고용복지+센터	제주시	제주 중앙로 165	064) 759-2450

출처 워크넷 www.work.go.kr

부록 2
경력단절여성을 위한 취업(창업) 지원제도

I. 고용노동부

1. 고용복지+센터

□ **사업 목적**
- 국민들이 한곳만 방문하면 다양한 고용·복지 서비스 등을 받을 수 있도록 고용센터를 중심으로 고용 및 복지 서비스 기관이 한 공간에서 서비스를 제공
- 기관 성격 : 각 기관의 지위, 조직·인사·예산 등의 독립성을 유지한 기관 간 협의체 → 공간 등 하드웨어 통합을 바탕으로 서비스·프로그램 등 소프트웨어 연계·통합 추진

□ **고용복지+센터의 의미**
- 고용과 복지의 연계(+)
- 고용·복지 등의 연계를 통한 시너지(+) 효과
- 고용·복지 서비스기관 외 타 기관 참여가 가능한 개방성(+)
- 국민 입장에서는 '1+1' 효과
- 부처 간, 중앙과 지방 간 칸막이를 허물고 협업(+)한 '정부3.0' 정신

□ **사업 내용**
- 고용센터가 이미 있거나 고용센터를 신설하는 기초자치단체를 단위로 고용센터를 중심으로 고용복지+센터를 운영
- 고용과 복지가 결합된 기본형과, 창조경제와 문화 등을 아우르는 확장형을 병행

[고용복지+센터 참여기관 및 체계도]

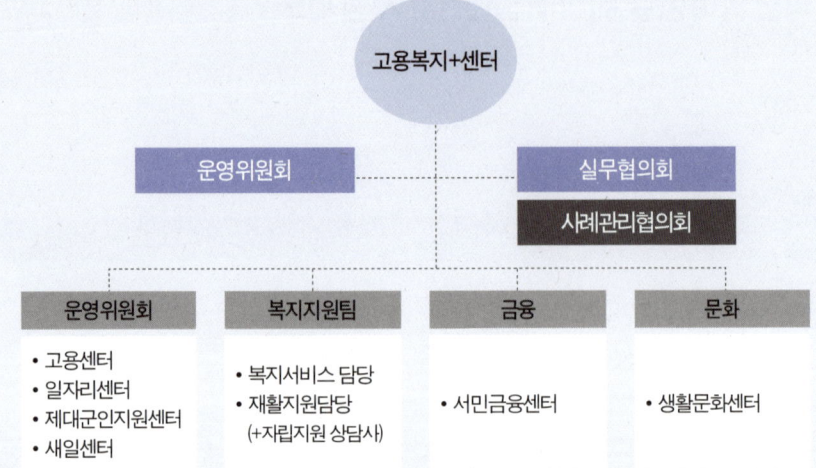

□ **운영**
- 통합 서비스 : 한 공간에서 다양한 고용과 복지 서비스를 통합 제공
- 원스톱
  - 고용복지+센터를 방문하면 고용·복지 서비스에 대한 정보 획득, 서비스 상담·신청·수령 가능
- 고용·복지 서비스 연계를 통한 자립 지원
  - 근로 빈곤층의 취업 장애 요인 등을 조기 해소함으로써 최저 생계비를 지원 받는 빈곤층을 고용의 영역으로 끌어내어 탈수급 지원
  - 차상위계층 등은 최저생계비 이하로 떨어지지 않도록 사전에 고용과 복지 서비스를 제공함으로써 안정적인 자립을 지원

□ **협업**
- 참여기관 간 협업 및 역할분담을 통해 인력 및 예산을 효율적으로 운영함으로써 효율성 제고
- 합동으로 수행 가능한 업무를 지속적으로 개발하여 시너지 제고

□ **문의처** :「부록1 고용복지+센터 연락처」참고

출처 고용노동부 홈페이지, www.moel.go.kr

2. 구직자 취업지원 서비스

1) 채용지원서비스
□ 사업 목적
- 구인·구직 만남의 날, 동행 면접, 채용대행서비스 등 센터의 현장 채용 행사를 통해 고용센터를 방문하는 실업급여 수급자, 일반구직자 등에 대한 취업기회 확대

□ 사업 내용
- 구인·구직 만남의 날 : 구인기업과 구직자간 직접 만남·면접의 장을 제공하여 구직자의 신속한 채용을 지원하는 소규모 채용 행사
- 구인·구직 만남의 날 : 주로 고용센터 내 공간, 시설을 활용한 소규모의 채용 행사
- 채용 박람회 : 외부시설을 활용한 대규모 구인·구직 만남 행사, 채용 외에 부대 행사(이력서·면접클리닉, 훈련·자격상담 등) 병행 실시
- 동행 면접 : 면접 경험 및 자신감이 부족한 구직자를 위해 채용 면접 시 센터 상담자가 사업체에 동행하여 면접 과정을 지원하는 서비스
- 채용 대행 서비스 : 기업의 직원 채용 비용 절감을 위하여 모집·전형·선발 등의 절차를 고용센터에서 직접 대행해 주는 기업 지원 서비스
- 오프라인 : 구인 기업의 모집 공고, 서류 전형, 1차 면접 및 직업적성검사, 필기 및 면접 장소 제공
- e-채용마당 : 대기업, 공기업, 우량 중소기업(상용 근로자 30인 이상)을 중심으로 모집 인원이 10인 이상인 경우 e-채용마당 서비스 제공(워크넷에서 이용 가능)

2) 직업진로지도 서비스
□ 사업 목적
구직자, 학생 등이 자신의 희망, 관심, 자격 및 능력을 파악하여 이에 필요한 교육, 훈련, 직업 선택을 할 수 있도록 수요자 특성에 맞는 직업진로지도 서비스를 제공하여 학교에서 직장, 직장에서 직장으로의 원활한 이동을 지원

□ 사업 내용
- 집단상담 프로그램 운영 : 개인의 특성에 따라 12명~15명의 소규모 그룹이 3~5일간 함께 참여하여 취업 의욕, 취업 기술 및 의사소통 능력을 향상할 수 있는 교육 프로그램(참여식)

프로그램	대상	내용
성취	구직자 전체	취업 의욕 증진, 취업 정보 수집, 지원서류 작성법, 면접 실습 등
울라	취약 청년층(NEET)	마음 열기, 마음 모으기(협력), 의사소통 및 생애 설계와 비전 수립 등
WIND	여성 결혼 이민자	한국의 취업 세계에 대한 이해, 외국인 구직자로서 자존감 향상, 직장생활에 대한 이해 등
HI	고졸 청년층	고졸 청년층의 자기 탐색, 일자리 탐색, 구직기술 수준 제고
청년 취업 역량	19~34세 청년 구직자	역량 기반 채용 관행에 적합한 구직기술 강화 및 역량 개발 계획 수립
행복내일	취업 취약 계층	의욕 강화와 자신감 향상, 자기진단과 생애 설계, 취업 준비와 구직 기술
CAP+	15~29세 청년 구직자	진로 결정을 위한 직업 탐색, 강점 강화, 면접 실습 등
취업 희망	취약계층 구직자	자존감 회복을 위한 활동, 자신감 향상, 근로 의욕 증진, 효과적 의사소통 등
성실	고령 구직자	화 다스리기, 재취업을 위한 구직 활동 방법, 대인관계, 구직 기술 등
주부 재취업 설계	주부 등 경력단절여성	재취업을 위한 직종 선정, 셀프 마케팅 등

• 단기집단상담프로그램 : 나에게 부족하다고 생각되는 부분만을 선택하여 25명 정도의 그룹으로 3~4시간 참여하는 교육 프로그램(참여식)

구분	프로그램명	내용
취업 의욕	행복한 대화 이끌기	효과적인 대화법 익히기, 화 다스리는 법 익히기 등
	취업 어려움극복하기	생각 가다듬기, SWOT 분석 등
	나를 이해하기	직업 가치 탐색, 장점 및 보유 능력 확인, 경력기술서 작성 등
기초 직업 능력	대인관계 능력 향상	팀워크, 리더십, 갈등 관리, 협상능력, 고객 서비스 능력
	의사 소통 능력 향상	문서 이해 능력, 타인 의견 경청 능력, 대화법, 전화 사용법 등
	자기 개발 능력 향상	흥미·적성 이해, 자신의 역할 이해, 자기관리, 경력 개발 관리 등
	직업 윤리	근면성, 정직성, 성실성, 책임감, 봉사정신, 준법성, 직장 예절 등

구직 기술	취업 목표 정하기	의사 결정 과정 간접 체험하기, 합리적 경력 개발 목표·실천 계획 수립하기 등
	멋진 이력서, 자기소개서 작성하기	이력서·자기소개서 관련 내용 총집합 (참여학습)
	면접 기술 습득하기 Ⅰ	면접기술 관련 총집합 (참여 중심 진행)
	면접 기술 습득하기 Ⅱ	실전 모의 면접
	취업 전략 세우기	셀프 마케팅, 일자리 정보를 효과적으로 얻는 다양한 방법 익히기(구직망 구축, 사전 탐방 등)
기타	커리나비(부모를 위한 자녀진로지도 프로그램)	초·중·고교생의 학부모를 대상으로 자녀의 미래 직업 설계, 직업관 형성 등을 지도

- 취업 특강 : 실습·체험형 교육이 부담스러운 경우에 참여할 수 있는 2시간 강의식 형태의 교육 프로그램

구분	프로그램명	내용
구직 기술	취업에 성공하는 이력서, 자기소개서	성공적인 취업 준비 전략, 이력서·자기소개서 작성 요령 등
구직 기술	취업에 성공하는 면접요령	면접의 중요성, 면접의 종류, 면접 준비 전략, 면접 최종 점검 등
	성공하는 취업 정보 수집	고용 시장 동향, 효과적인 취업·직업 정보 수집 방법, 허위 구인 광고 대처 등
	여성·주부를 위한 취업특강	여성, 주부의 취업에 필요한 각종 정보
	고령자를 위한 취업특강	고령자 취업에 필요한 각종 정보
기타	직업심리검사와 직업선택	직업심리검사 절차·방법, 직업 탐색·선택에 도움이 되는 검사 등
	근로기준법	근로기준법 이해, 임금·근로시간, 부당 해고·구제 등
	자녀진로지도	부모 돌아보기, 변화하는 직업 세계 이해, 진로 지도 포인트 등

- 근로능력수급자 취업능력향상 프로그램
- 근로 능력이 있는 기초생활수급자(생계급여수급자)를 중규모 그룹(30명 내외)으로 구성하여 1.5시간 강의식으로 운영되는 프로그램
- 취업성공패키지, 자활근로 등 기존 자활사업 미참여자

프로그램명	내용	대상 구분
행복한 마음 탐색	스트레스 진단 검사 및 스트레스 관리 방법 학습	양육 등의 사유로 조건 부과 제외된 기초생활수급자
행복한 생애 설계	자신의 자원과 힘 발견 및 강점에 대한 긍정적 관점 전환	
행복한 취업 준비1	경력 단절 장애 요소 탐색, 경력 장애 극복 대안 탐색	
행복한 취업 준비2	장애 요소 시기별, 대안별 극복 과정 수립, 단계별 경력 설계도 완성	
내일을 위한 나의 일	일에 대한 태도 점검 및 일의 긍정적 의미 확인	저소득 기초생활 수급자
내일을 위한 생애 설계	심리적 지지 가능한 자원 안내 탈수급 후 제도적 지원 및 신용 회복 지원	
내일을 위한 나의 경력	더나은 일자리 이동 사례 탐색 및 경력 설계 지원	
내일을 위한 일자리 정보	채용 정보 탐색 방법 등 취업 성공 전략 탐색	

- 고용센터 구인·구직자 취업 지원 서비스

	구직자	구인자
고용터 방문 및 워크넷으로 신청, 기초 상담	- 고용센터 이용 목적 파악 - 기본적인 인적 사항 파악 - 구직신청서 기재 요령 설명	- 고용센터 방문 목적 파악 - 기본적인 회사 개요 파악 - 구인신청서 개재 요령 설명
신청 수리	- 구직 신청 내용이 법령에 위배 혹은 기재 누락 및 허위 기재 사항 확인·검토	- 구인 신청 내용이 법령에 위배되지 않고 근로 조건에 문제가 없을 경우 수리 - 기재 누락, 허위 기재 사항 확인
상담 (워크넷 입력·인증, 정보 제공)	- 구직 신청 전산 입력 - 구직사 설문지 등을 통한 유형별 직업 상담 - 구직자 개인별 맞춤 정보 제공 - 구직 상담 시 현 고용 동향 안내 - 각종 유효 구인 정보 제공	- 구인 신청 전산 입력 - 구인자의 구체적 정보 검토 - 구인 내용에 대한 상담 및 구직자 유형별 특성 설명 - 각종 유효 구직 정보 제공
직업 또는 구직자 알선	- 전산망을 통한 구인·구직자 연결 - 적합한 구인·구직자가 없을 경우 재방문 요청 또는 전화, FAX, E-mail을 통한 소개 - 통근 지역 내 우선 소개 - 각종 고용장려금 및 기업서비스 안내	
구인, 구직자와 개별 면접	- 알선장 제공	- 알선자 명단 및 제공
취업 또는 채용 여부 확인	미채용 시 재알선, 사후 관리	

□ 문의처
- 고용노동부 고객상담센터 (TEL. 국번없이 1350)
- 고용센터 (www.work.go.kr/jobcenter)
- 워크넷 (www.work.go.kr)

출처 고용노동부 홈페이지, www.moel.go.kr

3. 취업성공패키지

□ 사업 목적

저소득 취업 취약 계층, 청년 및 중장년 미취업자를 대상으로 참여자의 특성 진단(프로파일링)을 토대로 최장 1년간 맞춤형 취업 지원 프로그램을 패키지로 지원하여 취업 성공 및 빈곤 탈출 촉진

□ 사업 내용

- 지원 대상 : 만 18~69세 저소득층 및 미취업 청·장년 등 취업취약계층
- 취업성공패키지Ⅰ : 기초생활수급자, 중위소득 60% 이하 저소득층, 특정취약계층*
* 북한이탈주민, 여성가장, 위기청소년(15~24세), 신용회복지원자, 노숙자, 결혼이민자 등
- 취업성공패키지Ⅱ : 청·장년층
  (청년층) 18~34세 이하(소득 무관)
* 고졸 이하 비진학 청년, 고등학교 마지막 학년 재학생, 대학교 및 대학원 마지막 학기 재학생, 대졸 이상 미취업자
  (중장년층) 만 35~69세 이하
* 중위소득 100% 이하, 영세자영업자, 일자리안정자금 지원대상 이직자(기준중위소득 120% 이하), 산재 장애자(10~12급) 등
- 프로세스 및 지원 내용
- (1단계) 진단, 의욕 제고 및 개인별 취업 활동 계획(IAP) 수립 → (2단계) 직업 능력과 직장 적응력 증진을 위한 프로그램 참여 → (3단계) 취업 알선서비스 제공 및 취업 성공

- 단계별 지원 내용 : 단계별 취업지원프로그램과 함께 수당 지급

구분	대상	1단계	2단계	3단계
Ⅰ유형	기초생활수급자, 중위소득 60% 이하 저소득층, 특정취약계층	·3주~1개월 ·참여 수당 최대 25만원	·최장 8개월 ·훈련비 300만원(내일배움카드, 자부담 최대 10%*) ·훈련수당 : 최대 월 28.4만원	·최장 3개월 ·취업 성공 시 최대 150만원 지급 ·청년 구직 촉진 수당(만 34세 이하) 30만원, 최대 3개월
Ⅱ유형	청년(18~34세) 및 중위소득 100% 이하 중장년(35~69세) 등	·1주~1개월 ·참여 수당 최대 20만원	·최장 8개월 ·훈련비 200만원(내일배움카드, 자부담 5~50%) ·훈련 수당 : 최대 월 28.4만원	·최장 3개월 ·청년 구직 촉진 수당(만 34세 이하) 30만원, 최대 3개월

□ **사업 추진 체계**

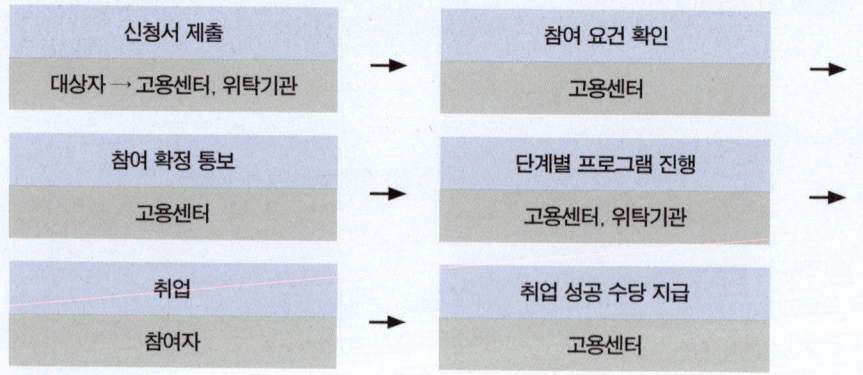

□ **문의처**

- 고용노동부 고객상담센터 (TEL. 국번없이 1350)
- 고용부 홈페이지 (www.moel.go.kr)
- 고용센터 (www.work.go.kr/jobcenter)
- 워크넷 (www.work.go.kr)
- 취업성공패키지 (www.work.go.kr/pkg)

출처 고용노동부 홈페이지, www.moel.go.kr

4. 출산휴가·육아휴직 등 급여 지원

□ **사업 목적**
- 출산 전후 휴가 급여 지원 : 임신 중 여성 근로자의 건강을 보호하고 출산으로 인한 여성 근로자의 이직 방지
- 육아휴직·육아기 근로 시간 단축 급여 지원 : 근로자의 고용 안정과 취업 여성의 경력 단절 현상 방지

□ **사업 내용**

구분	휴가/단축 근무	급여
출산전후 휴가(유산, 사산 휴가 포함)급여 지원	- 사용자는 임신 중 여성근로자에게 90일(출산 후 45일 확보)의 출산전후휴가를 부여해야 함 - 사용자는 유산, 사산한 근로자가 청구하면 유산, 사산 휴가(임신 기간에 따라(5~90일)를 부여해야 함	- 출산전후휴가 중 최초 60일은 유급 휴가이나 고용센터에서 출산전후 가 급여*를 지급한 경우 그만큼 사용자의 임금 지급 의무가 면제됨 * 출산전후휴가 급여 : 중소기업은 유급 기간을 포함한 90일 모두 통상임금의 100% 지원, 대기업은 30일 무급 기간에 대해서만 지원(상한액 160만원, 통상임금과 출산전후 휴가 급여 차액은 사업주가 지급해야 함) - 사용자는 유산사산휴가에 대해서도 출산전후 휴가와 같이 통상임금을 지급해야 합니다.
육아휴직 급여지원	- 사용자는 만 8세 이하 또는 초등학교 2학년 이하의 자녀가 있는 근로자가 신청할 경우 최대 1년(근속기간에 포함됨)을 사용할 수 있도록 허용해야 함	- 육아휴직급여로 근로자에게 육아휴직 첫 3개월은 월 통상임금의 80%(상한 150만원/하한 70만원), 나머지 기간은 월 통상임금의 40%(상한 100만원/하한 50만원)를 정부에서 지원함 - 단, 육아휴직급여의 25%는 육아휴직 종료 후 해당 사업장에 복직해 6개월 이상 계속 근무한 경우 일괄 지급(근로계약 기간의 만료로 6개월 이상 계속 근무할 수 없는 기간제 근로자에 대해서는 근로계약 기간의 만료로 육아휴직이 종료되거나 사업장 복직 후 근로계약 기간 만료일까지 계속 근무한 경우 지급) - 동일 자녀에 대해 부모가 순차적으로 휴직하는 경우 두 번째 사용자의 첫 3개월('아빠의 달') 급여는 통상임금의 100%를 지원(어머니, 아버지 순서가 바뀌어도 같음) - 둘째자녀부터는 '아빠의 달' 휴직급여 상한액을 150만원→200만원으로 인상(2017.7월 출생아부터 적용)
육아기 근로시간 단축	- 육아휴직을 사용할 수 있는 근로자가 육아휴직 대신 주당 15~30시간 근무하는 방법을 사용할 수 있음(육아 휴직과 육아기 근로시간 단축을 분할·혼합 사용 가능) ☞ 위반 시 제재 : 이를 위반하여 육아기 근로시간 단축 신청을 받았음에도 허용하지 않은 사업주는 500만원 이하의 과태료를 부과받습니다.	- 사용자는 단축된 근로시간에 비례하여 육아기 근로시간 단축 급여를 지급하고, 국가는 단축 근무자의 급여 감소분의 일부를 지원 통상임금의 80%(상한 150만원, 하한 50만원) x (단축 전 소정 근로 시간 · 단축 후 소정 근로 시간) / 단축전 소정 근로 시간

□ 문의처
- 고용노동부 고객상담센터 (TEL. 국번없이 1350)

출처 고용노동부 홈페이지, www.moel.go.kr

5. 내일배움카드(실업자)

□ **사업 목적**
- 취·창업을 위해 직무 수행 능력 습득이 필요한 실업자 등에게 직업능력개발훈련 참여 기회를 제공하여 (재)취직·창업 촉진과 생활 안정 도모

□ **사업 내용**
- 지원 과정 : 고용노동부로부터 적합성을 인정받아 훈련비 지원 대상으로 공고된 훈련 과정
- 세부 훈련 정보는 직업능력지식포털(hrd.go.kr)에서 직접 검색, 확인 가능
- 지원 대상 : 고용센터의 상담을 거쳐 훈련의 필요성이 인정된 실업자 등에게 취업 희망 분야에 따른 훈련 직종을 협의, 선정 후 직업능력개발계좌 발급
- 훈련비 : 참여 유형에 따라 20~100% 지원
- 훈련비 외에 출석률 80% 이상인 경우 출석일수에 따라 훈련장려금 지급(월 최대 41만6천원)
- 유효 기간 : 계좌 발급일로부터 1년
- 사업 추진 체계

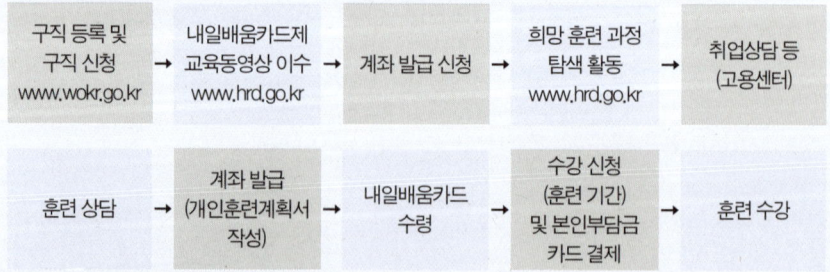

□ **문의처**
- 고용노동부 고객상담센터 (TEL. 국번없이 1350)
- HRD-NET 홈페이지 (www.hrd.go.kr)

출처 고용노동부 홈페이지(WWW.MOEL.GO.KR)

□ **문의처**
- 고용노동부 고객상담센터 (TEL. 국번없이 1350)
- HRD-NET 홈페이지 (www.hrd.go.kr)

출처 고용노동부 홈페이지(WWW.MOEL.GO.KR)

6. 직업훈련 생계비 대부

□ **사업 목적**
- 실업자 및 비정규직 등의 장기간 직업 훈련에 따른 생계 부담을 대부 지원을 통해 경감함으로써 직업훈련에 전념토록 하여 더 나은 일자리로의 취업 지원

□ **사업 내용**
- 취약 계층(비정규직근로자, 전직 실업자)이 직업훈련 시 장기 저리의 생계비 대부 지원
- 지원 대상 : 고용부가 지원하는 훈련(지방자치단체 설치 공공직업훈련시설에서 실시하는 취업목적 훈련 포함) 중 3주 이상 훈련에 참여하고 있는 비정규직 근로자 또는 전직 실업자(배우자 소득포함 연간 소득금액 8,000만원 이하)
- 지원 내용 : 월 단위 200만원 이내(1인당 1,000만원 한도) 한도, 연리 1%(신용보증료별도), 최대3년 거치 최대5년 매월 균등 분할 상환

□ **사업 추진 체계**

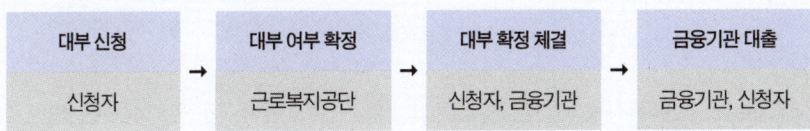

□ **문의처**
- 근로복지공단 (TEL. 1588-0075)
- 근로복지공단 홈페이지 (www.kcomwel.or.kr)

출처 고용노동부 홈페이지, www.moel.go.kr

II. 여성가족부

1. 여성새로일하기센터를 통한 경력단절여성 취업 지원

□ **개요**
- 혼인·임신·출산·육아 등으로 경력이 단절된 여성 등에게 취업 상담, 직업교육 훈련, 인턴십 및 취업 후 사후 관리 등 종합적인 취업서비스 지원

□ **지원 대상**
- 혼인·임신·출산·육아 등으로 경력이 단절된 여성 등 취업 희망 여성

□ **지원 내용**

상담	직업교육훈련	취업연계	사후관리
• 개별 상담 • 집단 상담 프로그램 • 취업 정보 제공	• 전문 기술, 기업 맞춤형, 취약 계층과정 등 교육 • 세일 역량 교육	• 구인 구직 매칭 • 인턴십 연계 • 동행 면접 등	• 취업자 상담 및 멘토링 - 직장적응 교육, 멘토링 등 • 여성 친화적 기업문화 조성 - 성평등 교육, 환경개선지원 등

[경력단절여성의 재취업 지원 과정]

- 찾아가는 취업 지원 서비스 : 취업설계사가 구직 상담, 구인업체 발굴, 취업 알선, 취업 후 직장 적응 지원 등 관리
- 집단상담 프로그램 : 구직자의 취업의욕 고취·구직기술 향상, 직업진로지도 등을 위한 집단상담 프로그램 운영
- 직업 교육 훈련 : 구직자의 직무 역량 향상을 위해 기업체 인력 수요와 여성의 선호 직종 등을 고려한 맞춤형 교육 과정 운영
- 인턴십 : 새일센터를 통해 여성을 채용하고 직장 적응 기회를 제공한 기업 대상 1인 300만 원의 인턴십 지원
- 취업 연계 및 사후 관리 지원 : 구인·구직자의 취·창업 연계 및 취업자와 채용 기업 대상 고용 유지를 위한 사후 관리 지원

□ **문의처**
- 여성새로일하기센터(대표전화 1544-1199)

출처 여성가족부 홈페이지, www.mogef.go.kr

[2017년 5월 현재 전국 새로일하기센터 운영 현황]

계	서울	부산	대구	인천	광주	대전	울산	경기	강원	충북	충남	전북	전남	경북	경남	제주	세종
150	28	10	4	8	5	3	2	26	8	7	10	9	9	8	9	3	1

출처 고용노동부 홈페이지, www.moel.go.kr

2. 온라인경력개발센터(꿈날개) 운영

□ 개요
- 취업 역량 진단-취업 상담 - 온라인 교육 등 맞춤형 온라인 취업 지원 서비스 제공

□ 지원 대상
- 혼인·임신·출산·육아 등으로 경력이 단절된 여성 등 취업 희망 여성

□ 지원 내용

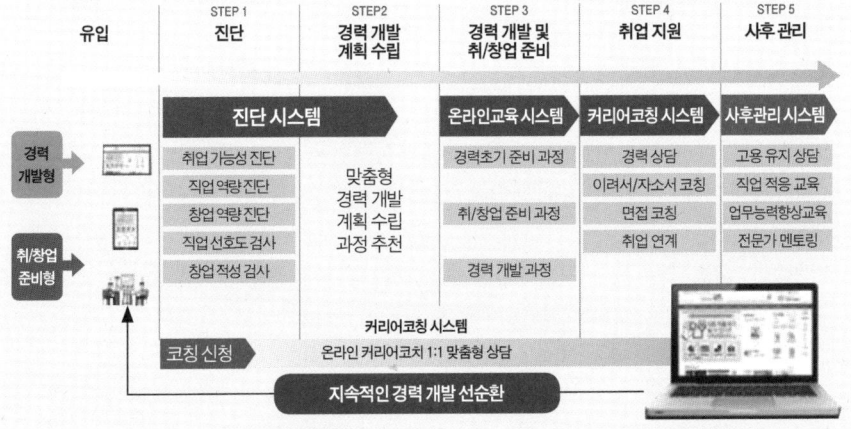

- 온라인 취업 역량 진단 : 새일센터 구직자 등 대상 취업 역량 진단을 통해 직업 선택 및 역량 개발 가이드 제공(취업 기본 진단 — 직업의식 진단 — 직업 적성 검사 — 직업 역량 진단을 통해 결과를 종합하여 최종 취업 가능성 점수 도출 및 직업 추천)
- 온라인 교육 : 여성 취업 희망 직종(사회복지, 경영, 교육직업군 등), 여성 창업, IT 직종 등 온라인 교육 운영

- 온라인 취업 상담 : 온라인 커리어 상담사(EM)을 통한 진로 상담, 경력 개발 코칭, 이력서 및 면접 컨설팅, 취업 알선 등 서비스 제공
- 온라인 사후 관리 서비스 : 온라인 직장 적응 상담 서비스로 노무·법률, 심리, 육아·보육 등 고용 유지 상담, 직장 적응 교육, 고용 유지 관리 등 온라인 상담 및 멘토링 서비스 제공

□ 신청 절차 및 방법
- 온라인경력개발센터(꿈날개) 무료회원 가입 후 이용 가능

□ 문의처
- 온라인경력개발센터 '꿈날개' (http://www.dream.go.kr)
- 온라인경력개발센터 대표전화 1600-3680

출처 여성가족부 홈페이지, www.mogef.go.kr

3. 공동육아나눔터 운영

□ 개요
- 지역 중심의 양육친화적 사회환경 조성을 통해 핵가족화로 인한 가족돌봄기능 보완 및 이웃간 돌봄품앗이 연계 활동 지원
- 공동육아나눔터 개념 : 부모들이 모여 육아 경험과 정보를 공유하고 소통하는 공간이자, 자녀들이 또래와 함께 장난감과 도서를 마음껏 이용할 수 있는 놀이 공간을 제공하는 지역사회 자녀돌봄 사랑방 가교 역할
- 가족품앗이 활동 : 같은 지역, 이웃에 사는 사람들끼리 자신이 가진 노동력, 물품 등을 교환하는 전통적 공동체 정신을 계승하여 이웃 간 육아 정보를 공유하고 서로의 장점을 살려 학습, 체험, 등하교 등을 함께하여 자녀 양육 부담을 덜고 자녀의 사회성 발달을 돕는 그룹 활동

□ 지원 대상
- 18세 미만의 자녀가 있는 가정(부모 및 자녀) ※ 맞벌이 및 비맞벌이 상관없이 이용 가능

□ 지원 내용
- 이용 시간 : 월~금 10 : 00~18 : 00
- 서비스 내용
- 자녀들의 안전한 돌봄 활동을 위한 장소 제공(장난감 및 육아 물품 지원)
- (조)부모 및 양육자·자녀에게 육아 정보 제공 및 소통 등 정보 나눔 기회 제공

- 동화 구연 등 상시 프로그램 운영 및 지원
- 장난감 및 도서 대여
- 가족품앗이 유형별 그룹 활동 운영 지원(전체 모임, 소모임 등)
☞ 등하교동행품앗이, 체험활동품앗이, 놀이품앗이, 학습품앗이, 예체능취미활동품앗이 등
☞ 품앗이 리더 양성교육 지원

□ 신청 절차 및 방법
- 인근 시군구 건강가정지원센터에 가입 신청

□ 공동육아나눔터 이용 및 가족품앗이 활동 관련 문의
- 건강가정지원센터 홈페이지 : http://www.familynet.or.kr
- 전화 문의 : 1577-9293 및 지역 소재 건강가정지원센터

출처 여성가족부 홈페이지, www.mogef.go.kr

4. 아이돌봄 지원 사업

□ 개요
- 가정의 아이돌봄을 지원하여 아이의 복지증진 및 보호자의 일·가정 양립을 통한 가족구성원의 삶의 질 향상과 양육친화적인 사회환경 조성(아이돌봄 지원법 제1조)
- 부모의 맞벌이 등의 사유로 양육 공백이 발생한 가정의 만 12세 이하 아동을 대상으로 아이돌보미가 찾아가는 돌봄 서비스를 제공하여 부모의 양육 부담을 경감하고 시설보육의 사각지대를 보완

□ 지원 대상
- 만 12세 이하 아동에 시간 단위 돌봄을 제공하는 시간제와 만 36개월 이하 영아를 종일 돌보는 영아종일제로 구분
* 2014년 8월 서비스 유형 다양화 : 종합형(가사 추가), 보육교사형 추가
※ 정부 지원 대상에 해당하지 않는 가정도 전액 본인 부담으로 서비스 이용 가능

[정부 지원이 가능한 양육 공백 가정 기준]
- 취업한 부모, 맞벌이 가정
- 장애부모 가정(가정에서 아동을 양육하는 부 또는 모가 '장애인복지법 제 2조'의 규정에 의한 장애인인 경우)
- 다자녀 가정 (*단, 부모 모두 비취업 등으로 아동 양육이 가능한 경우는 정부지원대상 제외)

- 만 12세 이하 아동 3명 이상 — 만 36개월 이하 아동 2명 이상 — 중증(1~3급) 장애아 자녀를 포함하여 아동 2명 이상 양육(비 장애아에게 돌봄 제공)
  * 단, 부모 모두 비취업으로 가정에서 아동을 양육하는 경우는 정부지원 대상 제외
- 기타 양육 부담 가정 (*단, 부모 모두 비취업 등으로 아동 양육이 가능한 경우는 정부지원대상 제외)
  - 부 또는 모의 입증 가능한 장기 입원 등의 질병 및 상해에 의한 양육 공백- 부 또는 모가 학교에 재학 중이거나 취업 준비(학원 수강 등 입증할 수 있는 경우에 한함) 중인 경우
  - 모의 출산으로 출생 아동의 형제, 자매에 돌봄 공백이 발생한 경우
  * 단, 부모 모두 비취업 등으로 아동 양육이 가능한 경우는 정부지원 대상 제외

□ 지원 내용

▶ 시간제 돌봄서비스

- (서비스 내용) 맞벌이가정, 다자녀가정 등의 만 12세 이하 아동에게 아이돌보미가 집으로 찾아가 임시보육, 놀이활동, 식사 및 간식 챙겨 주기, 등·하원 동행 등 돌봄 제공
  ※ (종합형/가사추가형) 시간제 돌봄에 아동과 관련한 가사를 추가하여 돌봄 제공

- (지원 비용) 기준 중위 소득 120% 이하 가정의 소득 수준에 따라 2,340원~6,240원 차등 지원(시간당 7,800원 / 2010.12.31. 이전 출생 아동은 '가'형만 지원)

- (지원 시간) 연 600시간 이하 / 1회 최소 2시간 이상 사용 원칙
  ※ 정부지원 시간을 초과하는 경우 전액 본인 부담으로 서비스 이용 가능
  ※ 서비스 이용 시간 및 적용 기간은 예산 상황에 따라 조정될 수 있음

▶ 시간제(종합형) 소득유형별 정부지원금 및 본인부담금(2018년 기준)

유형	소득 기준 (4인 가족 기준 중위소득)	시간제 (시간당 7,800원)				종합형 (시간당 10,140원)			
		A형		B형		A형		B형	
		정부 지원	본인 부담	정부 지원	본인 부담	정부 지원	본인 부담	정부 지원	본인 부담
가형	60% 이하 (2,712천원)	6,240원 (80%)	1,560원 (20%)	5,460원 (70%)	2,340원 (30%)	6,240원	3,900원	5,460원	4,680원
나형	85% 이하 (3,841천원)	3,900원 (50%)	3,900원 (50%)	-	7,800원	3,900원	6,240원	-	10,140원
다형	120% 이하 (5,423천원)	2,340원 (30%)	5,460원 (70%)	-	7,800원	2,340원	7,800원	-	10,140원
라형	120% 초과	-	7,800원	-	7,800원	-	10,140원	-	10,140원

※ (A형) 2011.1.1. 이후 출생 아동, (B형) 2010.12.31. 이전 출생 아동
※ 소득 기준은 건강보험료 본인부담금 부과액(노인장기 요양보험료 제외)을 기준으로 월평균 소득 금액 산정
※ 야간(오후 10시~오전 6시)·휴일(토·일요일, 「관공서의 공휴일에 관한 규정」에 따른 공휴일, 근로자의 날) 활동 시 시간제는 시간당 3,900원, 종합형은 시간당 5,070원 추가

▶ 영아종일제 돌봄서비스
- (서비스 내용) 생후 3~36개월 영아 대상 이유식 먹이기, 젖병 소독, 기저귀 갈기, 목욕 등 종일 돌봄 제공
  ※ (보육교사형) 영아종일제 돌봄 시 보육교사 자격이 있는 아이돌보미가 돌봄 제공
- (지원 비용) 기준 중위소득 120% 이하 가정의 소득 수준에 따라 월 200시간 기준 54.6~117만원 차등 지원
- (지원 시간) 월 120~200시간 이내 / 1일 최소 4시간 이상 사용 원칙
  ※ 정부 지원 시간을 초과하는 경우 전액 본인부담으로 서비스 이용 가능
  ※ 서비스 이용 시간 및 적용 기간은 예산 상황에 따라 조정될 수 있음
- (보육교사형) 영아종일제 돌봄 시 보육교사 자격이 있는 아이돌보미가 돌봄 제공

▶ 영아종일제(보육교사형) 소득유형별 정부지원금 및 본인부담금(2018년 기준)

유형	소득 기준 (4인가족 기준 중위 소득)	영아종일제(월 156만원, 200시간 기준)		보육교사형(월 171.6만원, 200시간 기준)	
		정부 지원	본인 부담	정부 지원	본인 부담
가형	60% 이하 (2,712천원)	117만원(75%)	39만원(25%)	117만원	54.6만원
나형	85% 이하 (3,841천원)	85.8만원(55%)	70.2만원(45%)	85.8만원	85.8만원
다형	120% 이하 (5,423천원)	54.6만원(35%)	101.4만원(65%)	54.6만원	117만원
라형	120% 초과	-	156만원(100%)		171.6만원

※ 소득 기준은 건강보험료 본인부담금 부과액(노인장기 요양보험료 제외)을 기준으로 월평균 소득금액 산정
※ 야간(오후 10시 ~ 오전 6시)·휴일(토·일요일, 「관공서의 공휴일에 관한 규정」에 따른 공휴일, 근로자의 날) 활동 시 종일제는 시간당 3,900원, 보육교사형은 시간당 4,290원 추가

□ **신청 절차 및 방법**

▶ 공통 사항

- 아이돌봄서비스 이용을 위해서는 서비스 신청인 명의의 국민행복카드 필요
  * 문의처 : BC카드 1899-4651(발급 은행 및 카드사 콜센터), 삼성카드 1566-3336, 롯데카드 1899-4282

▶ 정부 지원 가구

- 읍·면사무소, 동 주민센터에 정부지원 신청 및 소득유형 결정 후 지역 서비스제공기관에 서비스 연계 신청 *단, 복지로(www.bokjiro.go.kr)를 통한 신청은 맞벌이부부(직장보험 가입자) 및 한부모가족지원법에 의해 등록된 한부모가구(직장보험 가입자)만 공인인증서를 통해 신청 가능

▶ 정부 미지원 가구(본인 부담)

- 지원 유형 결정(소득 판정) 없이, 아이돌봄 홈페이지 가입 후 서비스 신청 및 이용 가능
  * 정부 미지원(본인 부담) 유형 : ① 시간제 2010.12.31. 이전 출생 아동 : '나·다·라'형, ② 시간제 2011.1.1 이후 출생 아동 : '라'형, ③ 영아종일제 '라'형
  * 서비스 신청 : 아이돌봄 홈페이지(idolbom.go.kr) 이용, 대표전화 1577-2514

□ **필요 서류**

▶ 사회보장급여 제공(변경) 신청서

- 서비스 이용자 서약서(시간제, 영아종일제 공통), 응급처치동의서는 아이돌봄 홈페이지 가입 시 온라인으로 작성, 제출

▶ 정부지원 자격 판정 증빙자료

- 취업한 부모 가족, 장애부모 가정, 맞벌이 가정, 다자녀 가정, 기타 양육부담 가족임을 증빙하는 서류

□ **문의처**

- 문의 전화 : 1577-2514
- 관련 사이트 : 아이돌봄 홈페이지(idolbom.go.kr) 작성, PC 및 휴대전화 공통

□ **부가 정보**

- 자녀양육 정부 지원 간 중복 금지

▶ 시간제 돌봄 서비스

- 보육료 및 유아학비를 지원 받는 아동의 경우 보육시설 이용시간 및 유치원 이용 시간(종일제, 반일제, 시간연장제)에는 정부 지원 불가

[보육시설 및 유치원 이용 시간]

- 보육시설(평일 9~17시), 유치원(평일 9~13시)/주말, 시간 연장제 등 실이용 시간(단, 아이돌봄서비스 '다자녀 기준'에 따른 36개월 이하의 2자녀가 있는 가정이 아이돌봄 정부 지원을 받으면서 '보육시설 맞춤반'인 경우, 아이돌봄 서비스 정부지원 제한 시간을 9~15시로 한다.)
- 상기 원칙 외에 아래 사항의 경우 정부 지원 가능
- 보육시설 휴원 등 미운영 시(시설의 확인서 첨부)
- 아동 사고(골절, 화상 등) 및 질병감염아동 특별지원에 해당하여 보육시설 이용이 어려운 경우(진단서(소견서) 또는 처방전 중 1부와 시설 미이용 확인서(결석확인서 포함) 제출)

▶ 영아종일제 돌봄 서비스

- 보육료 및 유아학비, 양육수당(농어촌 양육수당 포함), 시간제 아이돌봄 정부지원을 받는 아동은 영아종일제 돌봄 정부지원 불가(다만, 전액 본인부담으로 이용은 가능)

▶ 중증 장애아동

- 『장애아동복지지원법』상의 '장애아 가족양육지원사업' 지원 대상자(장애인복지법에 따른 1~3급 중증 장애 아동)는 아이돌봄서비스 지원 제외

※ 상기 지원제도는 2018년 4월 2일 현재 홈페이지에 등재된 내용이며, 제도 변경될 경우 달라질 수 있음

출처 여성가족부 홈페이지, www.mogef.go.kr

III. 소상공인시장진흥공단

〈일반경영안정자금 융자〉
1. 창업자금(창업초기 소상공인) 융자

□ **지원 대상**

① 사업자등록증 기준 업력 1년 미만의 소상공인으로,
② 중소벤처기업부 장관이 정한 교육 과정을 12시간 이상 수료한 소상공인

[교육 인정 기준]

구분	시수	비고
① 공단 이러닝 교육 (edu.seda.or.kr)	12시간 이상	• 창업공통·경영공통·실전창업·실전경영·협동조합 등 전 교육과정
② 소상공인 사관학교	150시간 내외	• 소상공인 사관학교 이론교육 수료생
③ 신사업 사업화 교육	80시간 이내	• 신사업 사업화 교육 졸업생
④ 소상공인 경영 교육	12시간 이상	-
①~④ 교육 이외의 오프라인 교육	12시간 이상	• 중소벤처기업부 인정교육 범위 참조 • 관련 교육 수료증 지참 및 확인 필수

* 「재난 및 안전관리 기본법」에 따른 특별재난지역 소재 소상공인 또는 지자체에서 재해확인증(또는 피해사실확인서)을 발급 받은 재해 피해 소상공인은 교육 이수 없이 신청 가능

□ **인정 기간**
• 교육 수료일로부터 1년까지

□ **융자 조건**
• 대출 한도 : 업체당 최고 7천만원
• 대출 금리 : 정책자금 기준금리 + 0.6%p (분기별 변동금리)
• 대출 기간 : 5년 (거치 기간 2년 포함)

□ **준비 서류**

구분	준비 서류
공통	① 실명확인증표(운전면허증, 노인복지카드, 장애인복지카드, 여권 등) ② 사업자등록증 또는 사업자등록증명(최근1개월이내)

공통	③ 상시근로자 확인 가능 서류(최근1개월이내) 　- 상시근로자 없는 경우 : 보험자격득실확인서 또는 소상공인확인서 　- 상시근로자 있는 경우 : 사회보험 납부확인서, 사업장가입자별부과 현황(또는 부과 내역), 국민연금보험료 결정내역서, 개인별 건강보험 고지산출내역, 원천징수이행상황신고서, 소상공인확인서 中 택 1 ④ (2016년 이후 창업 기업) 매출액 확인 서류 : 최근 1년간 표준재무제표증명(손익계산서) 또는 부가가치세과세표준증명 　＊ 단, 직전 또는 당해연도 창업 기업은 융자 신청 서류(사업계획서)로 대체 　＊ ③번 상시근로자 확인서류로 "소상공인확인서"를 제출한 경우 생략 가능 ⑤ (필요 시 ＊) 업종별 연매출액 확인 서류(최근 1년간) 　- 표준재무제표증명(손익계산서), 부가가치세신고서, 사업장현황신고서 中 택 1 　＊ 하나의 기업이 상시 근로자 수 기준이 다른 2개 이상의 사업을 영위하는 경우
추가(재해 소상공인)	① 교육 수료 조건 예외 적용 시 : 재해확인증 또는 피해사실확인서(지자체 발급) 　＊ 특별재난지역 소재 소상공인은 재해 확인을 위한 증빙 서류 불필요

▢ **문의처**
- 교육 : 공단본부-교육지원실(042-363-7811, 7821, 7841)
- 정책 자금 : 소상공인시장진흥공단 지역센터

출처 소상공인진흥공단 홈페이지, www.semas.or.kr

2. 여성가장 지원 융자

▢ **지원 대상**
- '경제활동 능력이 없는 부양가족'만 있는 여성가장 소상공인
  - 가족관계증명서 등재 가족(배우자, 직계 존·비속, 형제자매 등) 중 주민등록등본상 최근 6개월 이상 동일 세대 세대원으로 등록된 자 전체가 경제활동 능력이 없는 경우

【 부양가족이 경제활동 능력이 없다는 판단 기준 】
1. 배우자 및 형제, 자매 : 질병이나 장애로 인하여 경제활동이 불가능하다는 것을 입증할 경우만 인정 (실직은 불인정)
2. 직계존속 : 주민등록등본상 만65세 이상일 경우, 경제활동이 불가능하다는 것을 인정 (단, 만65세 미만일 경우에도 질병이나 장애로 인하여 경제활동이 불가능할 경우는 인정)
3. 직계비속 : 주민등록등본상 만18세 미만일 경우, 경제활동이 불가능하다는 것을 인정 (단, 만18세 이상일 경우에도 질병이나 장애, 군복무, 학업 등으로 인하여 경제활동이 불가능할 경우는 인정)

□ **융자 조건**
- 대출 한도 : 업체당 최고 7천만원
- 대출 금리 : 정책자금 기준금리 + 0.6%p (분기별 변동금리)
- 대출 기간 : 5년 (거치 기간 2년 포함)

□ **준비 서류**

구분	준비 서류

공통	① 실명확인증표(운전면허증, 노인복지카드, 장애인복지카드, 여권 등)
	② 사업자등록증 또는 사업자등록증명(최근1개월 이내)
	③ 상시근로자 확인가능 서류(최근1개월이내)
	  - 상시근로자 없는 경우 : 보험자격득실확인서 또는 소상공인확인서
	  - 상시근로자 있는 경우 : 사회보험 납부확인서, 사업장가입자별부과현황(또는 부과내역), 국민 연금보험료 결정내역서, 개인별 건강보험 고지산출내역, 원천징수이행상황신고서, 소상공인확인서 中 택 1
	④ (2016년 이후 창업기업) 매출액 확인 서류 : 최근 1년간 표준재무제표증명(손익계산서) 또는 부가가치세과세표준증명
	  * 단, 직전 또는 당해연도 창업기업은 융자 신청서류(사업계획서)로 대체
	  * ③번 상시근로자 확인서류로 "소상공인확인서"를 제출한 경우 생략 가능
	⑤ (필요 시*) 업종별 연매출액 확인 서류 (최근 1년간)
	  - 표준재무제표증명(손익계산서), 부가가치세신고서, 사업장현황신고서 中 택 1
	  * 하나의 기업이 상시근로자 수 기준이 다른 2개 이상의 사업을 영위하는 경우

추가	① 가족관계증명서
	② 주민등록등본
	③ 주민등록등본 또는 가족관계증명서 상 동일 세대를 이루는 세대원으로 등재된 지 6개월 이상 된 세대원의 경제활동 불가능을 증빙하는 서류(최근3개월 이내)
	  - 배우자 및 형제, 자매 : 장애인복지카드, 장애 혹은 질병으로 경제활동이 불가능하다는 의사소견서 등
	  - 직계존속 : 만 65세 미만일 경우 증빙서류 필요
	  * 만 65세 이상일 경우 증빙서류 불필요
	  * 장애인복지카드, 장애 혹은 질병으로 경제활동이 불가능하다는 의사소견서 등
	  - 직계비속 : 만 18세 이상일 경우 증빙서류 필요
	  * 만 18세 미만일 경우 증빙서류 불필요

추가	* 장애인복지카드, 장애 혹은 질병으로 경제활동이 불가능하다는 의사소견서 등, 군복무확인서, 재학(휴학)증명서 등

출처 소상공인진흥공단 홈페이지, Www.semas.or.kr

□ **문의처** : 소상공인시장진흥공단 지역센터

3. 일반자금(일반 소상공인)

□ **지원 대상**
- 사업자등록증 기준 업력 1년 이상의 소상공인
  * 단, 개인기업이 법인기업으로 전환된 경우 아래 요건 모두 충족 시 개인기업 업력도 인정

【 개인기업이 법인기업으로 전환 시 업력 인정 요건 】

※ ①~⑥번 요건을 모두 충족하여야 함
① 동일업종을 계속 영위할 것
  → 기존 개인기업 폐업사실증명원과 신설법인의 사업자등록증명으로 업종 및 업태 확인
② 개인기업 주요시설이 법인기업에 현물출자(사업양도·양수 포함) 되어 있을 것
  → 포괄양수도계약서(사업양수도 또는 현물출자 및 자산명세서 등 포함) 확인
③ 개인기업의 자산·부채가 법인기업에 포괄승계 되어 있을 것. 다만, 일부만 승계된 경우에도 기업의 영업활동에 큰 영향을 미치지 않는 경우에는 인정
  → 포괄양수도계약서, 표준재무제표로 확인
④ 개인기업의 대표자가 법인기업의 경영에 참가(감사, 비상근 제외)하고 있을 것
  → 법인등기사항전부증명서로 확인
⑤ 개인기업의 대표자가 신설 법인기업의 주주일 것
  → 주주명부로 확인
⑥ 개인기업을 폐업시킬 것
  → 국세청 휴폐업 조회 확인 또는 폐업사실증명원

□ **융자 조건**
- 대출 한도 : 업체당 최고 7천만원
- 대출 금리 : 정책자금 기준금리 + 0.6%p (분기별 변동금리)
- 대출 기간 : 5년 (거치 기간 2년 포함)

□ **준비 서류**

구분	준비 서류
공통	① 실명확인증표(운전면허증, 노인복지카드, 장애인복지카드, 여권 등) ② 사업자등록증 또는 사업자등록증명(최근1개월이내) ③ 상시근로자 확인가능 서류(최근1개월이내) 　- 상시근로자 없는 경우 : 보험자격득실확인서 또는 소상공인확인서

	- 상시근로자 있는 경우 : 사회보험 납부확인서, 사업장가입자별부과현황(또는 부과 내역), 국민연금보험료 결정내역서, 개인별 건강보험 고지산출내역, 원천징수이행상황신고서, 소상공인 확인서 中 택1 ④ (2016년 이후 창업기업) 매출액 확인서류 : 최근 1년간 표준재무제표증명(손익계산서) 또는 부가가치세과세표준증명 ＊단, 직전 또는 당해연도 창업기업은 융자 신청서류(사업계획서)로 대체 ＊③번 상시근로자 확인서류로 "소상공인확인서"를 제출한 경우 생략 가능 ⑤ (필요 시＊) 업종별 연매출액 확인 서류(최근 1년간) - 표준재무제표증명(손익계산서), 부가가치세신고서, 사업장현황신고서 中 택1 ＊하나의 기업이 상시근로자 수 기준이 다른 2개 이상의 사업을 영위하는 경우
추가	① '개인기업에 → 법인기업' 전환 시 업력 인정 요건 확인서류 : 개인기업 폐업사실증명원, 신설법인 사업자등록증명, 포괄양수도계약서, 표준재무제표, 법인등기사항전부증명서, 주주명부

□ **문의처** : 소상공인시장진흥공단 지역센터

출처 소상공인진흥공단 홈페이지, www.semas.or.kr

4. 소상공인시장진흥공단 지역센터 연락처 및 관할 구역

	센터	전화(fax)	주소	관할 구역
서울 지역 본부	(서울) 중부센터	02) 720-4711 02) 730-9360	서울 종로구 견지동 110번지 대성스카이렉스 102동 2층	중구, 종로구, 용산구, 마포구, 서대문구, 은평구
	(서울) 동부센터	02) 2215-0981 02) 2215-0984	서울 광진구 능동로275, 비전빌딩2층(군자동)	중랑구, 광진구, 강동구, 송파구, 성동구
	(서울) 서부센터	02) 839-8312 02) 839-8730	서울 구로구 디지털로32길 29, 키콕스벤처센터 208호	강서구, 양천구, 구로구, 영등포구, 금천구
	(서울) 남부센터	02) 585-8622 02) 585-8626	서울 서초구 서초중앙로 117 (서초동 훈민타워) 4층	강남구, 서초구, 동작구, 관악구
	(서울) 북부센터	02) 990-9101 02) 990-9104	서울 강북구 도봉로 186, 제이슨빌딩 5층 (미아동)	강북구, 성북구, 노원구, 도봉구, 동대문구

경기 인천 지역 본부	(경기) 수원센터	031) 244-5161 031) 244-5123	경기 수원시 영통구 반달로 87, 경기지방 중소벤처기업청 1층	수원시, 용인시
	(경기) 평택센터	031) 656-5302 031) 663-5302	경기 평택시 송탄로 421, 송탄농협 중앙 지점 3층	평택시, 안성시
	(경기) 화성센터	031) 8015-5301 031) 8015-5304	경기 화성시 동탄반석로 144, 동탄스카 이뷰빌딩 503호	화성시, 오산시
	(경기) 광명센터	02) 2066-6348 02) 2066-6347	경기 광명시 오리로 904, 영우프라자빌 딩 7층 703호	광명시, 시흥시
	(경기) 성남센터	031) 788-7341 031) 788-7345	경기 성남시 분당구 양현로 322, 코리아 디자인센터 407호	성남시, 광주시, 하남시
	(경기) 의정부센터	031) 876-4384 031) 876-4386	경기 의정부시 신흥로 251, 구성타워 14 층 (의정부동)	의정부시, 동두천시, 남양주시, 구리 시, 포천시, 양주시, 연천군, 가평군
	(경기) 부천센터	032) 655-0381 032) 655-0383	경기 부천시 원미구 장말로 289, 부천상 공회의소 1층	부천시, 김포시
	(경기) 고양센터	031) 925-4266 031) 925-4269	경기 고양시 일산동구 장백로 204, 보림 빌딩 604호	고양시, 파주시
	(경기) 안양센터	031) 383-1002 031) 383-0550	경기 안양시 동안구 시민대로 278, 신한 은행평촌지점 3층	안양시, 군포시, 의왕시, 과천시
	(경기) 안산센터	031) 482-2590 031) 482-2593	경기도 안산시 단원구 중앙대로 815, 1 층	안산시
	(인천) 남부센터	032) 437-3570 032) 437-3574	인천 남구 인주대로 416, 삼원빌딩 2층 (주안동)	연수구, 남구, 남동구, 중구, 동구, 옹진 군
	(인천) 북부센터	032) 514-4010 032) 514-4014	인천 부평구 경원대로 1404, 그랑프리빌 딩 9층 부평웨딩홀 채원부페 (부평동)	부평구, 계양구, 서구, 강화군
강원 지역 본부	(강원) 춘천센터	033) 243-1950 033) 244-9164	강원 춘천시 금강로 81, 신한은행강원본 부 2층	춘천시, 홍천군, 인제군, 양구군, 화천 군, 철원군
	(강원) 강릉센터	033) 645-1950 033) 645-3695	강원 강릉시 종합운동장길 88, 대한상공 회의소 3층	강릉시, 속초시, 양양군, 고성군
	(강원) 원주센터	033) 746-1950 033) 746-1990	강원 원주시 호저로 47, 강원도산업경제 진흥원 201호	원주시, 횡성군, 평창군, 영월군
	(강원) 삼척센터	033) 575-1950 033) 575-1953	강원도 삼척시 중앙로 296, 삼척시청 2 층	삼척시, 동해시, 태백시, 정선군

대전충청지역본부	(대전) 북부센터	042) 864-1602 042) 864-1606	대전 유성구 가정북로 96, 102호 (장동)	유성구, 서구, 대덕구
	(대전) 남부센터	042) 223-5301 042) 223-0665	대전 중구 중앙로 76, 영민빌딩 3층 303호 (하나은행 대흥동지점 3층)	중구, 동구
	(충남) 천안아산센터	041) 567-5302 041) 567-5308	충남 천안시 서북구 광장로 215 (불당동)	천안시, 아산시, 예산군
	(충남) 논산센터	041) 733-5064 041) 733-5067	충남 논산시 중앙로410번길 6, 문경빌딩 3층 (구 황산빌딩)	논산시, 계룡시, 부여군, 서천군, 금산군
	(충남) 서산센터	041) 663-4981 041) 663-4980	충남 서산시 고운로 177, 2호 서산시 (동문동)	서산시, 보령시, 태안군, 당진군, 홍성군
	(충남) 공주센터	041) 852-1183 041) 852-1186	충남 공주시 봉황로 124, LGU+ 공주국사 1층 (교동)	공주시, 청양군, 세종시
	(충북) 청주센터	043) 234-1095 043) 234-1091	충북 청주시 흥덕구 2순환로 1219번길 37, 3층	청주시, 진천군
	(충북) 충주센터	043) 854-3616 043) 854-3619	충북 충주시 으뜸로 21, 충주시청 11층 (금릉동)	충주시
	(충북) 음성센터	043) 873-1811 043) 873-1814	충북 음성군 음성읍 중앙로 173	음성군, 괴산군, 증평군
	(충북) 제천센터	043) 652-1781 043) 652-1784	충북 제천시 의림대로6길 32, 문화회관 2층 (화산동)	제천시, 단양군
	(충북) 옥천센터	043) 731-0924 043) 731-0926	충북 옥천군 옥천읍 동부로 15, 읍사무소 3층 (문정리 439)	옥천군, 보은군, 영동군
부산경남지역본부	(부산) 북부센터	051) 341-8052 051) 342-8175	부산 북구 만덕대로27번길 3, 대흥빌딩 8층	북구, 사상구, 강서구
	(부산) 남부센터	051) 633-6562 051) 633-0675	부산 연제구 중앙대로 1090, 프라임시티 6층 (연산동)	부산진구, 연제구, 동래구, 금정구
	(부산) 동부센터	051) 761-2561 051) 761-2564	부산 수영구 수영로 591, 부산은행 광안동지점 2층	남구, 수영구, 해운대구, 기장군
	(부산) 중부센터	051) 469-1644 051) 469-3286	부산 중구 중앙대로 63, 부산우체국 12층 (중앙동3가)	중구, 영도구, 서구, 사하구, 동구
	(울산) 울산센터	052) 260-6388 052) 260-2472	울산 남구 돋질로 97, 울산상공회의소 5층	중구, 남구, 북구, 동구, 울주군
	(경남) 창원센터	055) 275-3261 055) 275-3264	경남 창원시 성산구 중앙대로 23, 경남은행창원영업부 3층	창원시(구,마산시,진해시), 창녕군, 함안군

본부	센터	전화	주소	관할지역
부산 경남 지역 본부	(경남) 진주센터	055) 758-6701 055) 758-7102	경남 진주시 충의로 26, 경남은행 영업본부 3층	진주시, 사천시, 산청군, 의령군, 남해군, 하동군, 거창군, 함양군, 합천군
	(경남) 김해센터	055) 323-4960 055) 323-4963	경남 김해시 호계로422번길 24, 김해상공회의소 1층	김해시, 양산시, 밀양시
	(경남) 통영센터	055) 648-2107 055) 648-2109	경남 통영시 광도면 죽림1로 73, 농협은행 한려지점 3층	통영시, 거제시, 고성군
대구 경북 지역 본부	(대구) 남부센터	053) 629-4300 053) 628-4314	대구 중구 국채보상로 102길 2, 우리은행 동산동지점 3층	중구, 남구, 달서구, 달성군
	(대구) 북부센터	053) 341-1500 053) 341-3900	대구 북구 옥산로17길 14, 리치프라자 2층	동구, 서구, 북구, 수성구
	(경북) 안동센터	054) 854-3281 054) 854-3284	경북 안동시 경동로 661, 남부빌딩 2층 (남부동)	안동시, 영주시, 문경시, 의성군, 봉화군, 예천군, 청송군, 영양군
	(경북) 구미센터	054) 475-5682 054) 475-5681	경북 구미시 구미대로 350-27 (신평동 188) 구미시종합비즈니스지원센터 4층 408호	구미시, 김천시, 상주시, 성주군, 칠곡군, 고령군, 군위군
	(경북) 포항센터	054) 231-4363 054) 231-4365	경북 포항시 북구 포스코대로 299, 신한은행 2층	포항시, 영덕군, 울진군, 울릉군
	(경북) 경주센터	054) 776-8323 054) 776-8346	경북 경주시 북문로 125-5, 3층 (성동동 198-3), 한국외식업중앙회 경주시지부 3층	경주시, 경산시, 영천시, 청도군
광주 호남 지역 본부	(광주) 남부센터	062) 366-2122 062) 366-2136	광주 서구 천변좌로 268, 21층	서구, 남구
	(광주) 서부센터	062) 954-2084 062) 954-2085	광주 광산구 하남산단8번로 177, 광주광역시경제고용진흥원 7층	광산구
	(광주) 북부센터	062) 525-2724 062) 525-2726	광주 북구 두암동 561-5, 동광주빌딩 2층	동구, 북구
	(전남) 목포센터	061) 285-6347 061) 285-6349	전남 무안군 삼향읍 오룡3길 2, 전남중소기업종합지원센터 5층 內 (남악리)	목포시, 나주시, 장흥군, 강진군, 해남군, 영암군, 무안군, 함평군, 영광군, 장성군, 완도군, 진도군, 신안군
	(전남) 여수센터	061) 665-3600 061) 665-3607	전남 여수시 좌수영로 55, 여수상공회의소 4층	여수시
	(전남) 순천센터	061) 741-4153 061) 741-4159	전남 순천시 해룡면 향매로 109, 5층	순천시, 광양시, 구례군, 보성군, 고흥군, 곡성군, 화순군, 담양군
	(전북) 전주센터	063) 231-8110 063) 231-8112	전북 전주시 완산구 전라감영로 72, 전주상공회의소 3층	전주시, 완주군, 진안군, 무주군

광주 호남 지역 본부	(전북) 남원센터	063) 626-0371 063) 626-0372	전북 남원시 향단로 83, KT빌딩 1층	남원시, 장수군, 임실군, 순창군
	(전북) 익산센터	063) 853-4411 063) 853-4413	전북 익산시 인북로 187, 상공회의소 3층 (남중동)	익산시
	(전북) 군산센터	063) 445-6317 063) 445-6316	전북 군산시 중앙로 124 흥국생명빌딩 301호	군산시
	(전북) 정읍센터	063) 533-1781 063) 533-1783	전북 정읍시 중앙로 72, 기업은행 3층	정읍시, 김제시, 고창군, 부안군
제주	(제주) 제주센터	064) 751-2101 064) 751-2103	제주시 연삼로 473, 제주도중소기업 종합지원센터 4층	제주도

출처 소상공인진흥공단 홈페이지, www.semas.or.kr